Die aktuelle Schaubude

GESCHICHTE UND GESCHICHTEN

Die aktuelle Schaubude

GESCHICHTE UND GESCHICHTEN • BRIGITTE EHRICH

ZEISE VERLAG

Inhalt.

Sonnabend war Schaubuden-Tag.

Faszination des neuen Mediums: Das gläserne Studio gewährt einen Blick hinter die Kulissen des Fernsehens.

Wer Glück hat und rechtzeitig kommt, kann einen der wenigen Plätze im Studio in der Dammtorstraße in Hamburgs Innenstadt ergattern.

Vor den Schaufenstern von Opel-Dello drängen sich die Schaulustigen, neugierig auf Stars und Sternchen.

1957. Zweieinhalb Zimmer mit Küche und Bad, erster Stock rechts. Ofenheizung, Kohle im Keller. Sonnabend war Badetag. Nachmittags um zwei wird eingeheizt. Der Boiler beherrscht zwar das winzige Bad, aber das warme Wasser reicht nur für zwei Wannen. Zwischendurch wird nachgeheizt.

Mutter ist zuerst dran, braucht am längsten, wegen Haarefärben und so. Dann die Töchter. Jeden Sonnabend das gleiche Theater: „Trödel nicht so lange. Ich will auch noch rein." Vater muß bis nach dem Fernsehen warten.

Endlich: Man gruppiert sich auf der Couchgarnitur, Plüsch in drei Pastelltönen. In der Mitte der Rauchtisch – nee, kein Nierentisch, dafür langt das Geld noch nicht. Abendbrot und Tee mit Milch.

Um 18.45 Uhr ist es soweit: Die Sessel werden rumgerückt, die Augen auf die Ecke mit dem Fernseher ausgerichtet. Dann die Erkennungsmelodie: „There's no business like show-business."

Mehr graue als schwarzweiße Bilder flimmern über die Mattscheibe mit den runden Ecken: Straßenbahnen, Revuegirls in neckischen Röckchen, ein Polizist, der ein Heer von Miniautos dirigiert, Wasserfontänen in „Planten un Blomen" und Schiffe im Hamburger Hafen. „Guten Abend, meine Damen und Herren. Hier ist die Aktuelle Schaubude. Wir melden uns aus dem gläsernen Studio in der Hamburger Innenstadt, direkt gegenüber der Staatsoper ..." 36 Minuten lang Show und Information. Live. Und weil Sonnabend ist, eine ganze Tafel Schokolade, für jeden zwei Riegel.

Sonnabend war Schaubuden-Tag.

Die ganze Familie sitzt vor dem Fernseher, wenn am Sonnabend die Aktuelle Schaubude läuft. In den 50er Jahren verbringen die Bundesbürger ihre Freizeit wieder mehr in den eigenen vier Wänden. Die Schaubude jedoch öffnet vom Wohnzimmer aus mit Show, Unterhaltung und Information einen Blick in die weite Welt.

Oben: **Keiner nuschelt so genial wie der Wiener Schauspieler Hans Moser, 1958 zu Gast in der Schaubude.**

Unten: **Bundestrainer Herberger (2. v. r.) und einige Veteranen vor der Fußball-WM 1958 in Schweden.**

Oben: **Konzentration vor der Sendung: Bitte Ruhe! Kamera läuft. Werner Baecker begrüßt die Zuschauer.**

Unten: **Drei Kameras, 1958 noch schwer und relativ unbeweglich, fangen das Geschehen im Studio ein.**

Die aktuelle

Ganz links oben: **Reporter Werner Buttstädt im Gespräch mit den Stars des Ohnsorg-Theaters, Heidi Kabel und Walter Scherau.** Links unten: **Werner Baecker versucht, Hildegard Knef gnädig zu stimmen. Die Schauspielerin will auf ihren sieben Jahre zurückliegenden Skandalerfolg als „Sünderin" 1958 nicht mehr angesprochen werden.** Links: **Marianne Koch 1958, am Anfang ihrer Filmkarriere; den „Bambi" hat sie schon bekommen.** Unten: **Werner Baecker im Blickpunkt von Kamera und Publikum. Er ist die Seele der Schaubude.**

Fernsehen zum Anfassen.

Der 7. Dezember 1957 war ein typischer Hamburger Schmuddelwettertag. Und doch war es ein besonderer Tag: Zum erstenmal wurde der Autosalon von Opel-Dello in der Dammtorstraße in ein Fernsehstudio umfunktioniert. Das hatte es noch nie gegeben: Die Hamburger konnten direkt miterleben, wie Fernsehen gemacht wird. Das Medium war nicht mehr ganz neu, man hatte sich daran gewöhnt. Im norddeutschen Raum gab es kaum mehr als 200 000 Geräte, doch in Gaststätten und vor Radiogeschäften versammelte man sich vor allem bei besonderen Ereignissen wie Fußballmeisterschaften oder der Krönung Königin Elisabeths von England vor öffentlichen Apparaten. Diesmal aber konnte man hautnah dabeisein, es gab Fernsehen zum Anfassen.

Um 14 Uhr war in der Hamburger Innenstadt Geschäftsschluß. Die Autos aus dem Salon wurden in den Keller gefahren. Um 16 Uhr war alles bereit für den Einzug des NDR. Die Polizei sorgte bereitwillig für Absperrungen, ein riesiger Übertragungswagen wurde in einer Seitenstraße postiert, Kabel wurden verlegt, drei Ungetüme von Kameras aufgebaut und zwei graue Pappwände im Autosalon aufgestellt. Davor die Interviewtische, stilvoll mit schrägen Beinen, 50er-Jahre-Design. Auf einer sich drehenden Litfaßsäule, die zum Symbol der Schaubude werden sollte, wurden die Gäste angekündigt. Das Studio war bereit. Vor den Schaufenstern drängelten sich mittlerweile die Zuschauer. Wer zuerst kam, konnte vielleicht einen der 30 Plätze im Studio ergattern. Um 18.45 Uhr war es soweit: Werner Baecker ging zum erstenmal auf Sendung: „Hier ist die Aktuelle Schaubude. Wir melden uns aus dem gläsernen Studio ..." Baecker, dem Erfinder und Leiter der Sendung, stand im Studio als aufstrebender Reporter Carlheinz Hollmann zur Seite. Draußen auf der Straße befragte Werner Buttstädt die Zuschauer über ihre Meinung zu aktuellen Tagesfragen. Themen waren beispielsweise die Fünftagewoche in der Schule, Wohnungssuche der Studenten, Verkehrsprobleme in der Großstadt oder die damals vieldiskutierten neuen Uniformen der Bundeswehr.

Aus Amerika brachte er die Idee mit: Schaubuden-„Erfinder" Werner Baecker mit dem jungen Reporter Carlheinz Hollmann, der 1961 seine Nachfolge antritt.

Als Außenreporter befragt Werner Buttstädt das Publikum vor dem gläsernen Studio zu aktuellen Themen. Ein Hausverbot des NDR-Intendanten hat ihn auf die Straße verbannt.

Die Zuschauer durften diesmal nicht nur zuschauen, sondern auch aktiv teilnehmen. Werner Buttstädt, massiv wie ein Bär und von großem Durchsetzungsvermögen, fungierte dabei so manches Mal auch als Ordnungshüter, wenn das Interesse des Publikums allzu drangvoll wurde. Daß ausgerechnet er sozusagen auf der Straße landete, hatte jedoch einen anderen Grund. Der Hörfunkreporter, trinkfestes Enfant terrible des NDR, hatte von Intendant Walter Hilpert Hausverbot bekommen. Als Werner Baecker nach dem Krieg aus amerikanischer Gefangenschaft nach Hamburg gekommen war, fand er bei Familie Buttstädt Unterkunft und liebevolle Aufnahme. Das hatte er nie vergessen. So wollte er Werner Buttstädt auch unbedingt in seiner Schaubude dabeihaben. Der Intendant protestierte: „Aber der hat Hausverbot. Den dürfen Sie nicht beschäftigen." Baecker daraufhin: „Wieso – ich stell' ihn als Außenreporter draußen vor das Studio, auf den Bürgersteig." Dagegen hatte auch der Intendant kein Argument.

Schon beim Start der Schaubude 1957 dabei: Freddy Quinn, live mit Gitarre. Als Sänger ist er in der Washington-Bar am Hamburger Hafen entdeckt worden.

Zu den Gästen der ersten Sendung gehörte Freddy Quinn. Natürlich live mit Gitarre. Vom Playback-Verfahren war damals noch keine Rede. Noch heute erinnert er sich gern daran: „Ich bin stolz, daß ich dabeisein konnte." Zwar hatte der junge Sänger aus der Washington-Bar am Hamburger Hafen schon einen Fernsehauftritt hinter sich – bei Jürgen Roland, der in der Pionierzeit im Bunker auf dem Heiligengeistfeld die Sendung „Was ist los in Hamburg?" produziert hatte – , aber durch die Schaubude wehte schließlich ein anderer Wind: nämlich der der großen weiten Welt.

Aus dem Hochbunker auf dem Heiligengeistfeld kommen nach dem Krieg die ersten Fernseh-Versuchssendungen des Nordwestdeutschen Rundfunks (NWDR) – unter anderem auch Jürgen Rolands „Was ist los in Hamburg?", ein Vorläufer der Schaubude.

Schon in den ersten sechs Monaten konnte die Gästeliste eine beachtliche Zahl hochkarätiger Prominenz aufweisen: von Fred Bertelmann, dem „lachenden Vagabunden", bis zu Jean Marais, von Gert Fröbe bis zu Richard Widmark, von Boxer Bubi Scholz bis zu Opernspezialist Wieland Wagner.
Zum Schluß jeder Sendung versammelten sich alle zum großen Winke-Abschied vor der Kamera. Nicht nur das brachte der Schaubude gleich nach dem Start Kritik ein: „Schlußbild: Müdes Winke-Winke in die Kamera", schrieb die Welt am Sonntag. „Naja, als interne Generalprobe wär's gegangen. Aber die Sendung ist über alle norddeutschen Bildschirme gelaufen." Wer hätte damals geglaubt, daß aus der „Generalprobe" die erfolgreichste Sendung Norddeutschlands und eine Dauereinrichtung werden sollte!

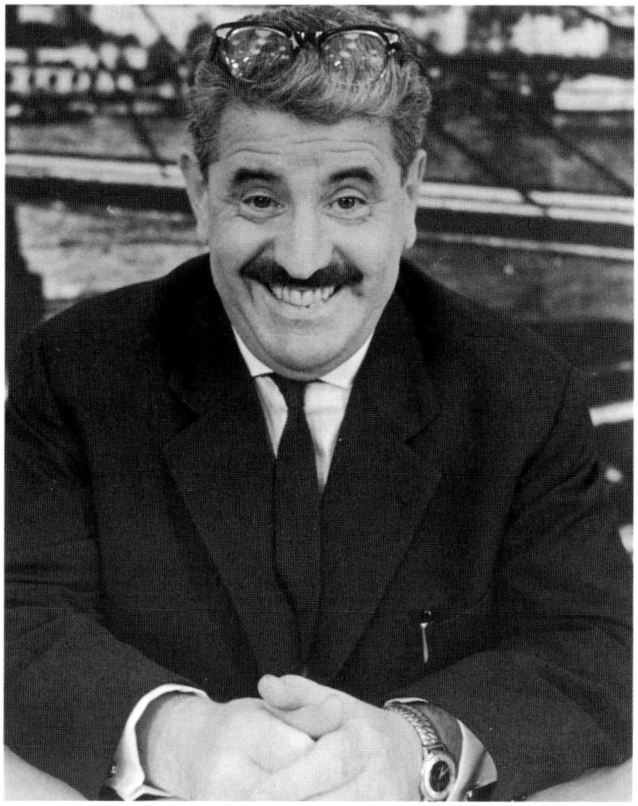

Ganz links oben: **Die Schauspielerin Vera Tschechowa ist im September 1958 im Alter von 18 Jahren zu Gast in der Schaubude.** Links unten: **Werner Baecker im Gespräch mit Boxer Bubi Scholz nach dem Sieg 1958, der ihn zum Europameister im Mittelgewicht machte.** Links: **Schon in den 50er Jahren ein Medienstar – der Kölner Volksschauspieler Willy Millowitsch.** Unten: **1958 begründet Gert Fröbe – hier im Interview mit Schaubuden-Reporterin Ingrid Lorenzen – seinen Ruhm als Filmbösewicht mit dem Krimi „Es geschah am hellichten Tag".**

Roberto Blanco erinnert sich gern an seine ersten Auftritte in der Schaubude – hier 1958. Im Laufe von fast vierzig Jahren kommt der muntere Stimmungsmacher regelmäßig wieder. „Der Schaubude verdanke ich viel", sagt er.

Oben: **Rolf Seelmann-Eggebert und Ingrid Lorenzen befragen 1957 einen Studenten aus Afrika.**

Unten: **Jazzmusiker Duke Ellington besucht 1958 vor einem Konzert in der Musikhalle die Schaubude.**

Ganz links oben: **Hardy Krüger, einer der Stars des deutschen Nachkriegsfilms, plaudert im Januar 1959 vor den Fernsehkameras mit Werner Baecker.** Links unten: **Der Regierende Bürgermeister von Berlin, Willy Brandt, trägt sich 1958 ins Gästebuch der Schaubude ein.** Links: **Carl Bay, der „Kuddel von der Küste", vor der Litfaßsäule, auf der die Interpreten angekündigt werden. Sie wird zu einem Wahrzeichen der Schaubude.** Unten: **Mit dem Musical „Kiss me Kate" gastiert Johannes Heesters 1958 in Hamburg. Vor der Sendung nimmt sich der charmante Operettenstar Zeit für einen Plausch mit einem Kameramann.**

Eine Idee aus Amerika.

Seine Fernsehlehrzeit hatte Werner Baecker in den frühen 50er Jahren bei Jürgen Roland verbracht. Dessen Sendung „Was ist los in Hamburg?" war so etwas wie ein Vorläufer der Schaubude. Nur – wer hatte damals schon ein Fernsehgerät? Auftritte von Altstars wie Lilian Harvey oder Jungstars wie Vera Molnar geschahen weitgehend unter Ausschluß der Öffentlichkeit.

Die Idee zur Show im gläsernen Studio kam schließlich aus Amerika. Der NDR hatte Werner Baecker, inzwischen leitender Redakteur der Hörfunk-Sendung „Echo des Tages", nach New York geschickt, um Anregungen für das deutsche Fernsehen zu sammeln. Dabei volontierte er bei der „Today"-Show von Dave Garroway, die täglich live aus einem Ausstellungssalon im Rockefeller-Center gesendet wurde, mit Berichten von aktuellen Ereignissen und Interviews mit Politikern und Hollywood-Stars. Vor dem Schaufenster drängten sich winkende Menschen, sogar mit Grußplakaten für die Oma oder die Freundin. Das war's: So etwas wollte Baecker auch in Hamburg machen.

Der passende Ort in der Dammtorstraße war schnell gefunden. Aber wie würde das Autohaus auf das Ansinnen reagieren, dort ein Fernsehstudio zu etablieren? Eine Idee, die damals den meisten Menschen noch ziemlich verrückt erscheinen mußte. Doch Werner Baecker hatte Glück: Dello-Chef Hans Ravenborg war gerade aus den USA zurückgekommen und mit den Fernsehgewohnheiten im Land der unbegrenzten Möglichkeiten gut vertraut. Innerhalb von fünf Minuten war er überzeugt und gab seine Zustimmung.

Die Vorbereitungen konnten beginnen. Werner Baecker wollte dabei lieber im Hintergrund bleiben und als Redakteur Themen und Texte zusammenstellen. Die Moderation sollte ein Schauspieler übernehmen. Es wurde keiner gefunden. Die meisten wirkten zu aufgesetzt und künstlich. Also blieb das Los des Moderators schließlich an dem hängen, der die Sendung konzipiert hatte. Und das mit Erfolg: Nicht nur die Aktuelle Schaubude, sondern auch der Name Werner Baecker wurde bald zum Begriff.

Dabei war er am 7. Dezember 1957 noch mit großem Lampenfieber vor die Kameras im Autosalon getreten, denn das, was in Amerika beim Publikum ankam, mußte nicht unbedingt auch in Norddeutschland funktionieren.

Zu den Mitwirkenden in Dave Garroways Show gehörte ein Schimpanse, Mr. Kokomo – schließlich kommen Tiere beim Publikum immer gut an. So saß denn auch in Baeckers erster Sendung der schwarze Chow-Chow Armi neben ihm. Er gehörte der Mutter von Carlheinz Hollmann und wurde jahrelang jeden Sonnabend um 17 Uhr mit einem Wagen bei ihr abgeholt.

Der Chow-Chow Armi ist als Maskottchen immer dabei.

Werner Baeckers Lampenfieber legte sich zwar mit der Zeit und mit dem Erfolg. Doch der Umgang mit ihm war für seine Mitarbeiter manchmal nicht leicht. Seine Devise am Freitag lautete: „Arbeiten – denken – planen. Angst und Schrecken verbreiten. Keine Wochenendstimmung aufkommen lassen." Und das war durchaus nicht nur ironisch gemeint. Eines Tages reichte es: Palastrevolution. Kurzentschlossen fuhr das gesamte Schaubuden-Team am Freitag nach Sylt. Der Boß mußte die Sendung allein machen. Seine Mitarbeiter

Zirkusatmosphäre im Studio: Rolf Eschenbach „interviewt" einen Schimpansen, sehr zum Vergnügen der Schaubuden-Mannschaft.

saßen derweil auf der Insel vor dem Fernsehgerät. Am Montag traten sie brav, aber doch mit etwas mulmigem Gefühl wieder an zur Redaktionskonferenz. Werner Baecker kam herein. Kein Wutausbruch. Er sah sie nur an und sagte: „Ihr habt ja gesehen, wie es gelaufen ist. Es ging auch ohne euch. – Aber gefehlt habt ihr mir doch." Damit war das Eis gebrochen.

Als der Schaubuden-Chef 1960 Hamburg verließ, um künftig als Korrespondent aus New York zu berichten, waren sie zu seinem Abschied alle am Flughafen: die Reporter Carlheinz Hollmann, Werner Buttstädt, Rolf Eschenbach, Produzent Harald Rogler, Sekretärin Ilse Traubel und Hund Armi. Ein bißchen Wehmut war dabei. Denn sie hatten zwar unter ihm gelitten, vor allem aber eine ganze Menge von ihm gelernt. „Er war mein Fernseh-Vater", erinnert sich Carlheinz Hollmann. „Ohne ihn wäre ich nie das geworden, was ich bin." Zunächst wurde er 1961 selbst Leiter der Schaubude und machte später beim ZDF mit dem „Schaufenster Deutschland" Karriere.

Der auf die Straße „verbannte" Werner Buttstädt darf schon im Laufe des Jahres 1958 wieder als Reporter ins Studio. Zehn Jahre später übernimmt er die Leitung der Schaubude.

Links oben: **Peter van Eyck, Ilse Neubauer und Paul Hubschmidt (v. l.) mit Werner Baecker 1959 vor dem Kulissen-Panorama des Hamburger Hafens.**
Links unten: **Ende der 50er Jahre – Time of Rock 'n' Roll. Daran kommt auch die Schaubude nicht vorbei. Allzu „wilde" Musik allerdings ist verpönt.**
Oben: **Auch in der Frühzeit der Schaubude wurde schon mit aufwendigen Kulissen gearbeitet. Demonstration von Schwimmstilen im extra dafür errichteten Rundpool 1959.**

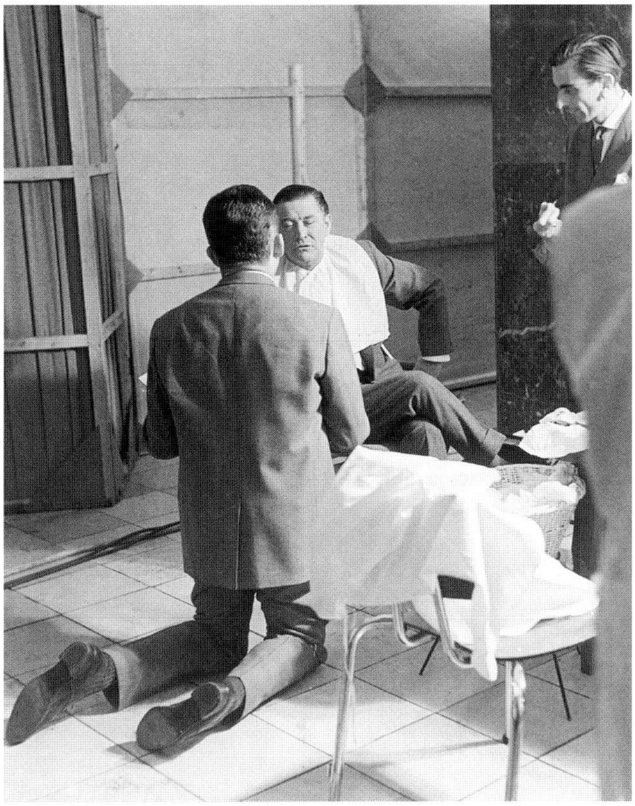

Ganz links: **Romy Schneider wird erwachsen: 1959 dreht sie „Die Halbzarte", nimmt Abschied vom süßen „Sissi"-Image – und besucht die Schaubude.** Links: **Hans Söhnker wird hinter den Kulissenstellwänden für seinen Auftritt geschminkt.** Unten: **Amüsiert betrachtet Sir Hugh Carleton Greene, der als britischer Besatzungsoffizier den Nordwestdeutschen Rundfunk gegründet hatte, bei seinem Schaubuden-Besuch 1959 die schottische Delegation mit einem Dudelsackpfeifer.**

1958 ein Lieblingspaar des deutschen Films: Horst Buchholz und Romy Schneider. Zusammen haben sie „Monpti" und „Robinson darf nicht sterben" gedreht. Privat wird kein Paar aus ihnen: Im selben Jahr heiratet „Hotte" Miriam Bru, und Romy verliebt sich ein Jahr später in Alain Delon.

Oben: **Wiener Schmäh und Wiener Charme – 1958 startet Peter Alexander seine Fernsehkarriere.**

Unten: **Herbert Sundermeier, erst Kameramann, dann Regisseur der Schaubude, mit Filmstar Jean Marais.**

Die Gunst der frühen Jahre.

Als am Ostersonnabend 1960 die 100. Sendung über die Bildschirme lief, war das schon ein Grund zum Jubeln. So lange hatte sich bis dahin noch keine Unterhaltungssendung gehalten. Und die Zustimmung der Zuschauer ließ durchaus auf weitere hundert Schaubuden hoffen. Gisela Griffel besang die „Tulpen aus Amsterdam", Werner Baecker plauderte mit Sophia Loren, und Freddy Quinn, seit der ersten Sendung Stammgast, fuhr mit einem uralten Automobil vor die Kamera. Baecker resümierte zum Jubiläum: „Unsere Schaubude wird von Chemnitz in der Sowjetzone bis hinauf nach Esbjerg in Dänemark gesehen, im Westen auch in den nordniederländischen Grenzgebieten. Wir erhalten wöchentlich etwa 50 bis 60 Briefe von Zuschauern. Diese Schreiben, die oft voller Herzlichkeit sind, enthalten kaum schwerwiegende Kritik." Die Aktuelle Schaubude schwamm auf einer Welle der Sympathie.

Den erstaunlichen Erfolg verdankte die Sendung nicht zuletzt der Gunst der frühen Fernsehjahre. Das Medium war neu in Deutschland, und die Beispiele in den USA und England ließen auf eine rasante Entwicklung schließen. 1953 erklärten bei einer Umfrage fünf Prozent der Befragten, schon einmal ferngesehen zu haben, 1958 waren es bereits 93 Prozent. 1957, beim Start der Aktuellen Schaubude, gab es bundesweit eine Million angemeldete Geräte, im Jahr darauf hatte sich diese Zahl verdoppelt.

In den Nachkriegsjahren galt das Streben der Bevölkerung hauptsächlich den einfachen Dingen des Überlebens. Man mußte sehen, wie man durchkam. Mitte der 50er Jahre verlagerte sich das Interesse: Man hatte sich eingerichtet, aus dem Überleben wurde Leben. Dazu gehörte auch ein bestimmtes Freizeitverhalten. Die Geselligkeit verlagerte sich mehr und mehr in die eigenen vier Wände. Man hatte es bequem zu Hause und blieb gern am Abend dort. Die ganze Familie saß gemeinsam vor dem Fernsehgerät, oftmals bestimmte das Programm den Rhythmus des häuslichen Lebens.

Viel Auswahl allerdings hatte man nicht. Schließlich gab es nur ein Programm. Um so dankbarer war man für unterhaltsame Abwechslung. „Vielseitige Unterhaltung im Fernsehprogramm, das ist es, was wir uns für unsere Freizeit wünschen", hieß es 1957 in dem Brief eines Zuschauers. Genau das bot die Schaubude. Ihre Chance war gekommen, als das Hauptprogramm am frühen Abend in Regionalprogramme aufgegliedert wurde, um mehr aktuelle Information aus den einzelnen Bundesländern bieten zu können. In Hamburg, Schleswig-Holstein und Niedersachsen war es die Nordschau, deren Sendebereich anfangs allerdings noch nicht einmal bis an die Ländergrenzen ging. Als Flensburg dazugeschaltet wurde, war das schon ein Triumph. Die Popularität der Schaubude, die der Sonnabend-Beitrag der Nordschau war, erklärt sich jedoch nicht allein aus der ständigen Erweiterung des Sendebereichs, sondern vor allem aus dem, was sie zu bieten hatte.

Die Menschen waren hungrig nach Informationen, sie wollten über ihre eigenen Grenzen hinausblicken. Und hier wurde ein Schaufenster zur Welt geöffnet. Politiker, Sportler, Stars jeder Couleur kamen sozusagen ins Wohnzimmer. Die Auswahl der Gäste beschränkte sich zwar aus Kostengründen überwiegend auf die Prominenten, die gerade in Hamburg waren. Doch daran herrschte kein Mangel, zumal das Tournee-Geschäft gerade im Kommen war. Internationale Stars in die Hansestadt zu holen – das war eine Spezialität von Kurt Collien. Zwischen ihm und der Schaubude entwickelte sich bald ein Geschäft auf Gegenseitigkeit: Die Stars traten für eine Aufwandsentschädigung von maximal 150 Mark im Fernsehen auf, und Collien hatte eine wirkungsvolle Werbung für seine Tournee-Veranstaltungen. Und auch Plattenfirmen und Filmverleihe erkannten schnell den Werbeeffekt der beliebten Sendung.

Nicht nur Schlagerstars, auch Politiker nutzen die Popularität der Schaubude. Bundespräsident Theodor Heuss ist 1962 zu Gast, drei Jahre nach seinem Ausscheiden aus dem Amt als Staatsoberhaupt.

In der Aktuellen Schaubude aufzutreten gehörte zum Renommee – für Heinz Rühmann ebenso wie für Marlene Dietrich, die anschließend in aufregendem Silberglitzerkleid einen Chansonabend in der gegenüber gelegenen Staatsoper gab, für Marika Rökk und Uwe Seeler, für Josephine Baker wie für Bundespräsident Theodor Heuss. Für das Interview mit ihm besorgte Carlheinz Hollmann eigens eine Flasche edelsten französischen Rotweins für 75 Mark. „ Jaja, dr Heusch isch in dr Schaubud'", freute sich der aus Baden-Württemberg stammende „Papa" Heuss ein ums andere Mal. An den Inhalt des Interviews kann sich Hollmann inzwischen nicht mehr erinnern, aber die Flasche Grand Vin de Hospice, Beaune, aus dem Jahr 1949 steht noch immer auf seinem Kaminsims.

Waren es die Stars, die den Duft der großen weiten Welt vermittelten, so war es die Improvisation der Live-Sendung, die den Zuschauern das Gefühl gab, unmittelbar dabeizusein. Oftmals war bis zum Donnerstag noch nicht klar, welche Gäste im Studio sein würden. Und die Planung änderte sich mehrmals im Laufe der Woche. Kurzfristig wurde auf aktuelle Tagesereignisse reagiert, auch wenn das noch am Freitagabend den ganzen Sendeablauf durcheinanderbrachte. Der Akzent der Aktuellen Schaubude lag eindeutig auf dem ersten Teil des Titels. Erst später verschob sich das Schwergewicht zugunsten der Unterhaltung.

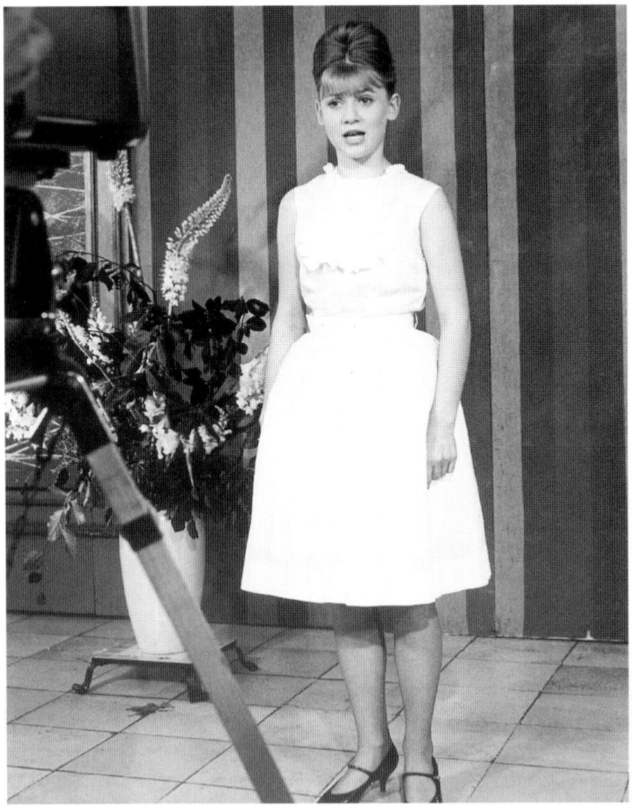

Links oben: **Ein Teenager aus Dänemark: Gitte, gerade 15 Jahre alt, hat 1961 ihren zweiten Auftritt im deutschen Fernsehen, und Marika Rökk, die Ungarin vom Dienst (rechts), fordert im selben Jahr in der Schaubude auf: „Sing mit mir, tanz mit mir!"**

Links unten: **Noch 'n Gedicht: Heinz Erhardt bringt 1959 auch Werner Baecker zum Lachen.**
Oben: **Bill Ramsey macht Augen: Das ist zwar nicht die von ihm besungene Zuckerpuppe aus der Bauchtanztruppe, doch diese Dame ist auch nicht ohne ... (1961)**

TIGER

1961 ist der deutsche Schlager reich an naiv-fröhlichen Texten: Ralf Bendix (ganz links oben) singt den „Babysitter-Boogie", untermalt von niedlichen Baby-Glucksern. Gus Backus (links unten), als ehemaliger amerikanischer Besatzungssoldat in Deutschland „hängengeblieben", weiß, was „der alte Häuptling der Indianer" sprach. Und Conny Froboess (unten) behauptet „Mein Vater war ein Cowboy". Auch „Leinwandheld" Heinz Rühmann (links) gibt sich verschmitzt. Er stellt 1959 in der Schaubude seinen Film „Ein Mann geht durch die Wand" vor.

„Wir verfolgen mit viel Freude ihre Karriere." So kündigt Carlheinz Hollmann 1961 die Schauspielerin Heidi Brühl an, die ihr Image als „Mädchen vom Immenhof" vergessen machen möchte und eine neue Karriere als Sängerin gestartet hat. In romantischer Dekoration singt sie „Hochzeitsmelodie".

Der Grieche Leo Leandros gibt sich karibisch als Bananenverkäufer: „Bananas en Habana". 1961 ist er noch der begehrtere Interpret in der Schaubude, doch schon bald macht ihm seine Tochter Vicky Konkurrenz: 1965 hat sie hier ihren ersten Auftritt mit „Messer, Gabel, Schere, Licht".

Rechts: **Inge Meysel, 1961 auf dem besten Weg, zur „Fernsehmutter der Nation" zu werden, erzählt von ihrer Zeit am Hamburger Thalia Theater und von ihrer neuesten Erfolgsserie im Fernsehen: „Im 6. Stock".**
Unten: **Die Schaubude zu Gast bei den Filmfestspielen 1961 in Berlin: Carlheinz Hollmann macht sich im Vorgespräch mit Hansjörg Felmy Notizen. Der Schauspieler ist am Tag nach der Premierenfeier zu dem Liebeneiner-Film „Das letzte Kapitel" ins Studio gekommen.**

Links: **Eine große Dame des deutschen Films: Lil Dagover wird 1962 der Bundesfilmpreis, das „Filmband in Gold", verliehen; im selben Jahr ist sie zu Gast in der Schaubude.** Unten: **Außenübertragung von der Grünen Woche 1961 in Berlin. Auf der Schiefertafel ist die Sendeplanung notiert. Carlheinz Hollmann bespricht mit Regisseur Herbert Sundermeier den Ablauf.**

Ganz links oben: **Horst Buchholz hat 1960 seinen ersten internationalen Erfolg mit „Die glorreichen Sieben". Bereits zwei Jahre zuvor hat er die Schauspielerin Miriam Bru geheiratet. Sie darf in der Schaubude den Wetterbericht vorlesen.** Links unten: **„Winke, winke" zum Abschied. Trotz heftiger Kritik hält sich dieser Schaubuden-Brauch bis in die 60er Jahre.** Links: **Fernseh-Showmaster Peter Frankenfeld spielt im Duett mit seiner Frau Lonny Kellner den liebenswerten Doktor, und ihr Herz geht „Bum-budi-bum".** Unten: **Keine Angst vor großen Tieren: Zirkusdirektorin Frieda Krone bringt 1961 einen jungen Elefanten mit ins Studio.**

Das erste Moderatorenpaar.

Die Aktuelle Schaubude ohne Werner Baecker? Undenkbar! Doch nachdem sich der Boß nach New York verabschiedet hatte, mußte ein Nachfolger gefunden werden. Das große Kopfzerbrechen beim NDR begann. Bis man schließlich nicht etwa auf das Nächstliegende kam – nämlich Carlheinz Hollmann, den Mann an Baeckers Seite, auf den verwaisten Thron zu setzen –, sondern in einer anderen Abteilung fündig wurde.

Ursula Klamroth hatte Baecker bereits früher bei seiner abendlichen Rundfunk-„Umschau" abgelöst und von ihm auch die Sendung „Zwischen Hamburg und Haiti" übernommen. Da war es fast schon Tradition, daß sie jetzt auch beim Fernsehen an seine Stelle trat. Ein durchaus wagemutiges Unterfangen, denn Frauen waren 1960 auf die Rolle der adretten, netten Ansagerin, die von anderen geschriebene Texte ablas, festgelegt. Doch die Leiterin der Schaubude mußte sich nicht nur optisch präsentieren, sondern die Sendung auch konzipieren und ihre Texte journalistisch erarbeiten. Bald machte sich ein neuer Stil bemerkbar: Während Baecker sich um möglichst viel internationale Prominenz bemüht hatte, gewann jetzt die regionale Komponente eine stärkere Bedeutung.

Offenbar war die Zeit jedoch noch nicht reif für eine Frau in leitender Fernseh-Position. Die neue Chefin stand auf verlorenem Posten. „Komm zurück, Werner Baecker!" seufzten sehnsuchtsvoll die Kritiker, und Zuschauer mäkelten sogar an ihrer Brille herum. Was die griechische Sängerin Nana Mouskouri, die 1961 mit ihrem Hit „Weiße Rosen aus Athen" zum erstenmal in der Schaubude auftrat, selbstbewußt zu ihrem Markenzeichen erhob, erschien dem Publikum bei Ursula Klamroth nicht telegen genug. Nach knapp einem Jahr warf sie schließlich das Handtuch.

Das war nun endlich die Chance für den 30jährigen Carlheinz Hollmann. Der Hamburger Kaufmannssohn hatte schon in seiner Jugend davon geträumt, zum Rundfunk zu gehen. Ans Fernsehen dachte damals noch niemand. Als Werner Baecker den „jungen hungrigen Reporter", wie Hollmann sich spä-

1960 Nachfolgerin von Werner Baecker: Ursula Klamroth, die einzige Frau, die jemals die Schaubude leitete.

ter selbst charakterisierte, zu sich holte, hatte er sein Bildschirm-Debüt schon hinter sich: Er hatte die Gewinner der Fernsehlotterie verlesen und den Förster bei der „Wildfütterung im Harz" begleitet. Die Schaubude jedoch machte ihn zum Fernsehprofi. Als er die Sendung übernahm, war die Erinnerung an Werner Baecker noch frisch. Für Hollmann eine große Verantwortung, aber auch ein faszinierendes Erbe. Und er verwaltete es gut. Die Stars kamen zurück, auf Aktualität wurde wieder besonderer Wert gelegt: Bis Freitagabend hielt man den Platz für einen Beitrag offen, damit am Sonnabend das Thema des Tages noch kurzfristig eingeschoben werden konnte.

1961 Nachfolger von Ursula Klamroth: Carlheinz Hollmann, der als Reporter von Beginn an dabei war.

Mit Ilse Neubauer und Ingrid Lorenzen hatten zwar schon von Anfang an Reporterinnen an der Sendung mitgewirkt. Doch jetzt schlug die Geburtsstunde für das Schaubuden-Paar, das seitdem – in wechselnder Zusammensetzung – längst zur Tradition geworden ist. Werner Buttstädt, inzwischen nicht mehr auf die Straße verbannt, sondern in der Redaktion beschäftigt, hatte beim WDR eine junge Ansagerin entdeckt, die nicht nur schauspielerische, sondern auch journalistische Ambitionen hatte: Karin von Faber. Die Aufgabe, in der Aktuellen Schaubude zu moderieren, reizte sie, obwohl der ehrgeizigen jungen Dame aus intellektuellem und künstlerischem Hause –

1961 vom WDR aus Köln als Moderatorin nach Hamburg geholt: die junge Schauspielerin Karin von Faber.

Vater Journalist, Mutter Leiterin einer Schauspielschule – der Sinn eigentlich nach Höherem stand. So war sie auch keineswegs beglückt, als sie zum Start Gerhard Wendlands „Tanze mit mir in den Morgen" ankündigen mußte.

Auch ihre Gesprächspartner waren nicht unbedingt glücklich: Maßte sich doch da ein Küken von Anfang zwanzig an, solche berühmten Künstler wie etwa Hellmut Zacharias zu interviewen! Der jedenfalls war höchst konsterniert, als Karin von Faber ihm entgegentrat, wenngleich er hinterher recht gnädig über seine Gesprächspartnerin urteilte. Jung und noch dazu eine Frau – noch immer war das eine Konstellation, die nicht nur von der Fachwelt kritisch beäugt wurde. Und wenn so jemand es dann auch noch wagte, in die vorderste Reihe zu treten, dann war das schon fast anstößig.

So schlimm wie Ursula Klamroth allerdings erging es Karin von Faber nicht. Sie erfüllte zumindest eine Bedingung, die ihr die Sympathien der Zuschauer einbrachte: Sie war hübsch und hatte ein gutes Auftreten. Zwar trug auch sie normalerweise eine Brille, aber die setzte sie wohlweislich vor der Kamera nicht auf. Sie schrieb sich ihre Notizen per Hand in großer Schrift auf einen Zettel. Bald bedauerte es nur noch einer, daß sie sich für die Schaubude entschieden hatte: der Regisseur Oscar Fritz Schuh, der von 1963 bis 1968 Intendant des Deutschen Schauspielhauses in Hamburg war. Bei ihm hatte Karin von Faber in Berlin und Köln Theater gespielt. Jetzt hätte er sie gern wieder geholt und klagte: „Was für ein verschenktes Talent!"

Für das Publikum indes war klar: Carlheinz Hollmann und Karin von Faber gehörten zusammen. Und viele meinten, sie seien auch privat ein Paar. Doch die Harmonie zwischen den beiden beschränkte sich auf die gemeinsame Arbeit. Schließlich war Carlheinz Hollmann längst glücklich verheiratet. Dank der Schaubude.

Zu den ersten Schaubuden-Reporterinnen gehört Ilse Neubauer, genannt „Engelchen". Sie wird Werner Buttstädts zweite Frau.

„Mr. Wunnebar" Lou van Burg macht 1961 bei einem Schaubuden-Auftritt seine Späße. Der Entertainer aus den Niederlanden hat noch eine große Fernsehkarriere vor sich: Mit seiner Show- und Quizsendung „Der goldene Schuß" erreicht er 1967 Traum-Einschaltquoten von 74 Prozent.

Die Miß und der Reporter.

Es war der 15. Februar 1958. Gerti Daub, Miß Germany 1957, kam gerade von einer Repräsentationstour mit Grußbotschaften von Bundeskanzler Konrad Adenauer bis zum Hamburger Bürgermeister Max Brauer aus Südamerika zurück.
„Das wäre ein schöner Beitrag", meinte Werner Baecker. „Carlchen, mach du das."
„Muß ich wirklich?" monierte „Carlchen" Carlheinz Hollmann. „Mit Missen hab ich nicht so viel am Hut." Es gab kein Pardon: Carlchen mußte Gerti Daub interviewen.
Am Nachmittag der Sendung fuhr vor dem gläsernen Studio in der Dammtorstraße ein Auto vor. Am Steuer der Vater von Gerti. Und dann entstieg sie dem Wagen. Ein Bild von einer Miß, braungebrannt, weizenblond, gehüllt in einen weißen Pelz, auf dem Arm einen weißen Pudel, elegant balancierend auf gläsernen Stöckelschuhen.

15. Februar 1958 erste Begegnung, 1. Dezember Hochzeit in der Nienstedtener Kirche: Nicht einmal ein Jahr brauchen Gerti Daub und Carlheinz Hollmann, um zu erkennen, daß es eine Liebe fürs Leben ist.

Der junge Reporter war entsetzt. Denn das Vorurteil, Miß gleich doof, schlummerte noch immer in ihm. Das änderte sich im Laufe des Gesprächs. Gerti Daub entpuppte sich als blitzgescheit und sehr vernünftig. Hatte sie doch in den USA sogar darauf verzichtet, als zweite Grace Kelly aufgebaut zu werden. Ihr Argument: „Ich will keine Kopie sein. Ich gehe zurück nach Deutschland." Hollmann war beeindruckt.
Als die Sendung vorbei war, begleitete er die Miß zum Auto, worauf Maskenbildnerin Anneliese Barkhahn sich wunderte: „Was ist denn mit dir los? Das hast du ja noch nie getan!" Mit ihm war nichts anderes los, als daß er sich verliebt hatte.
Das war auch Werner Baecker nicht entgangen. Am Montag hatte er die Schaubuden-Gäste zum Essen eingeladen. „Du hast doch kein Interesse an dem ganzen Miß-Rummel. Für dich haben wir keinen Platz reserviert", meinte er listig grinsend zu Hollmann, was den natürlich gehörig wurmte. Aber wenigstens einen Blick auf seine Traumfrau wollte er noch erhaschen und beobachtete die Gesellschaft durch die Essensausgabe der Kantine.
Fortan versorgte er Gerti Daub mit kleinen Aufmerksamkeiten. Und sie bekam auf seine Anregung von der Fluggesellschaft stets einen kleinen Extra-Service, wenn sie wieder zu einer Repräsentationsreise ins Flugzeug stieg.
Das Endergebnis: Am 1. Dezember 1958 wurde in der Nienstedtener Kirche geheiratet. Ein Entschluß, den beide bis heute nicht bereut haben.

Schmerzhafte Erfahrungen.

Der kleine weiße Pudel der ehemaligen Miß Germany sollte später noch einmal zu ungeahnter Bedeutung kommen. Das war, als Carlheinz Hollmann abends nach Hause kam und eine Gruppe von Jugendlichen dabei antraf, wie sie Straßenlaternen einwarfen. „Eh, was macht ihr da!" rief er couragiert – und hatte sich damit auch schon die ersten Prügel eingefangen.
Vom Fenster aus hatte Ehefrau Gerti das Geschehen beobachtet. „Ich lass' gleich den Hund los!" schrie sie beherzt. Das wirkte. Die Randalierer liefen weg, nicht ahnend, daß die angedrohte Bestie nur die Größe einer Handtasche hatte.
Der Zwischenfall hatte noch ein Nachspiel. Mit dicker Backe moderierte Carlheinz Hollmann die nächste Schaubude. Inzwischen hatte die Polizei ein paar Verdächtige im Visier, die gegenüber von Hollmanns Wohnung in die Schule gingen. Der hoffnungsvolle Nachwuchs bekam von den Beamten Hausarrest und Nachsitzen mit Fernsehen verordnet. Da saßen sie nun und hörten, wie Hollmann auf die Schlägertypen einging: „Ich hatte immer ein offenes Ohr für die Jugend ..." Einer fing an zu grinsen und machte eine dumme Bemerkung. Damit hatte er sich verraten.
Sichtbare Spuren hinterließ der Überfall bei dem Moderator nicht, allenfalls Narben auf der Seele. Die jedoch sind oft schwerer zu verschmerzen als die Wunden, die tatsächlich Narben hinterlassen. Wie die, die Hollmann sich 1964 bei den Filmfestspielen in Berlin holte. Mit Daliah Lavi schlenderte er während eines Vorgesprächs zum Interview durch eine Gartenanlage. Mit einem Glas in der Hand. Ein Stolpern, Abstützen – und eine Scherbe des zerbrochenen Glases schneidet ihm den ganzen Handballen auf. Daliah Lavi, als ehemalige israelische Pflicht-Soldatin darin bestens versiert, leistet Erste Hilfe und bringt den kreidebleichen, blutenden Moderator zum Arzt. Der näht die Wunde unter örtlicher Betäubung, so daß Hollmann anschließend seine Sendung noch über die Runden bringen kann. Unter der Schminke allerdings war er reichlich weiß um die Nase.

Die Aktuelle Schaubude bei den Filmfestspielen in Berlin: Carlheinz Hollmann interviewt Daliah Lavi und Susan Kohner.

Die Flutkatastrophe von 1962.

Die Katastrophe brach völlig unerwartet über Hamburg herein: In der Nacht zum 17. Februar 1962 versanken große Teile von Wilhelmsburg und Billbrook in den Wassermassen einer Sturmflut. 315 Menschen kamen dabei ums Leben.

Für diesen Sonnabend hatte sich Carlheinz Hollmann einen besonderen Gag ausgedacht: Der ehemalige Stummfilmstar Buster Keaton war mit seiner legendären Lok aus dem Film „Der General" auf Deutschland-Tournee. Diese Lokomotive sollte vor dem gläsernen Studio aufgebaut werden. Dafür waren am Freitag zwölf Meter Schienen verlegt worden. Am Abend, als Hollmann nach Hause fuhr, stürmte es zwar schon, doch das war für ihn kein Grund zur Beunruhigung.

Am nächsten Morgen fuhr er über die Elbchaussee in die Redaktion in Hamburg-Lokstedt. Inzwischen hatte der Sturm Orkanstärke erreicht. „Ich sah das Wasser und hörte Radio und überlegte, was machen wir jetzt", erinnert er sich. In Lokstedt erfuhr er das ganze Ausmaß der Katastrophe von der Tagesschau-Redaktion, die direkt neben den Büros der Schaubude lag. Der Strom war ausgefallen, das Notstromaggregat reichte nur für den Einsatz einer Kamera, an Scheinwerfer war gar nicht zu denken. Im Autosalon standen die Kellerräume, in denen sonst Garderobe und Schminkräume untergebracht waren, unter Wasser. Konnte unter diesen Umständen überhaupt eine Sendung „gefahren" werden? In einer Krisensitzung beschloß die Schaubuden-Mannschaft: Wir versuchen es.

Carlheinz Hollmann wollte am Abend über die Situation in ganz Schleswig-Holstein berichten. Mit einem Flugzeug wollte er sich einen Überblick von Cuxhaven bis Sylt verschaffen. Auf dem Hamburger Flughafen stand zufällig eine Maschine, die einen Flugzeugmotor nach Afrika bringen sollte. Es gelang ihm, die Piloten zu einem Sondereinsatz zu überreden und dafür auch die entsprechende Genehmigung zu bekommen. Das Problem war nur: Für Schleswig-Holstein war keine Flugkarte an Bord. Also holte Hollmann seinen Shell-Atlas aus dem Auto und dirigierte das Flugzeug nach der Autokarte die Elbe und die Nordseeküste entlang.

Es stürmte noch immer, und die Maschine schwankte und schaukelte durch das Unwetter. Dem Kameramann wurde schlecht. Die angefunkten Bodenstationen meldeten sich nicht. Niemand an Bord hatte bemerkt, daß die Funkanlage defekt war. Auf dem Flugplatz von Westerland auf Sylt schossen rote Warnraketen in den aufgewühlten Himmel. Das heißt: Es gab keine Landeerlaubnis. Doch inzwischen war der Treibstoff knapp geworden. Der Pilot mußte runter und setzte einfach zur Landung an. Mit dem Ergebnis, daß ihm später der Start verweigert wurde. Aber irgendwie schaffte Hollmann es auch diesmal wieder, die Verantwortlichen zu einer Starterlaubnis zu überreden. Aktuelle Schaubude – das war ein Zauberwort, das viele Tore öffnete.

Am Abend wurde das gläserne Studio mit Kerzen erleuchtet. Es gab ein dunkles, aber immerhin erkennbares Bild. Als Gesprächspartner zum Thema Flutkatastrophe war Hamburgs Zweiter Bürgermeister, Edgar Engelhard, eingeladen worden. „Wie konnte es passieren, daß die Behörden von der Flutkatastrophe so überrascht wurden?" fragte ihn Carlheinz Hollmann. Die Antwort des Bürgermeisters: „Es gibt eben wenig Menschen, die außer lesen und schreiben auch mitdenken können." Damit war alles gesagt.

Buster Keatons Lokomotive war im übrigen schon in Harburg steckengeblieben. Das Hochwasser hatte den Schienenweg über die Elbe abgeschnitten.

Flutkatastrophe 1962: Weite Teile von Wilhelmsburg und Billbrook stehen unter Wasser, 315 Menschen sterben in den Fluten. Am Abend des 17. Februar geht eine Notausgabe der Schaubude bei Kerzenlicht im Studio über den Sender, da der Strom ausgefallen ist und das Notstromaggregat nur für den Betrieb einer Kamera reicht.

Die Schaubude geht in die Luft.

Abstecher wie etwa zur Kieler Woche oder zur Bremer Freiheit waren für die Aktuelle Schaubude schon zur Gewohnheit geworden. Doch 1963 hatte sich Carlheinz Hollmann etwas ganz Besonderes vorgenommen: Diesmal sollte die Schaubude in die Luft gehen, an Bord einer viermotorigen Super Constellation. Anlaß war die Eröffnung eines regelmäßigen

Wer hatte 1963 schon ein Flugzeug von innen gesehen? Carlheinz Hollmann zeigt dem erstaunten TV-Publikum, wie es in einer Super Constellation zugeht.

Pendelverkehrs der Lufthansa zwischen Frankfurt und Hamburg am 1. April 1963.

Das Studio wurde in eine Werfthalle der Lufthansa verlegt. Höhepunkt der Sendung sollte die Übertragung aus der Luft während eines Fluges über Hamburg sein. Wer hatte damals schon ein Flugzeug von innen gesehen? Es war eine Sensation! Im Erster-Klasse-Abteil wurde die Sendeanlage installiert, Kameras und Scheinwerfer mußten im engen Passagierraum montiert werden. Eine Herausforderung für die Techniker. 25 Minuten vor der Sendung startet Flugkapitän Ohm zur technischen Probe. „Hallo, Flugzeug, bitte gebt uns ein Bild!" meldet sich Regisseur Herbert Sundermeier aus dem Übertragungswagen am Boden. Und dann die Bestätigung: „Danke, Bild ist einwandfrei."

Während der Probe an Bord durfte Hollmanns vierjähriger Sohn Nils schon mal kräftig in die Tasten des Klaviers greifen, auf dem während der Sendung der „schräge Otto" Fritz Schulz-Reichel ein Potpourri klimperte. Die französische Sängerin Jennifer trällerte das Lied vom „Café am Boulevard de la paix", und die Zuschauer bekamen einen Einblick ins Cockpit, während die Maschine in 600 Meter Höhe über dem Flughafen kreiste. Nach zehn Minuten war alles vorbei. Das Flugzeug setzte zur Landung an.

Der Rest war Routine, gespickt mit großer Show: Eine Bundeswehrkapelle spielte zur Begrüßung der „Superconny" auf dem Flugfeld, Silvio Francesco steppte auf einer Tragfläche, Hamburger Polizisten zeigten waghalsige Kunststücke auf Motorrädern, und zum Abschluß tanzten 50 Paare Bossa Nova rund um die Maschine.

Fast ebenso sensationell wie der Abstecher in die Luft war 1964 die Übertragung aus einem fahrenden Zug zwischen Ahrensburg und Hamburg. Auf einem Güterwaggon fuhr der Übertragungswagen mit, ein Bundeswehr-Hubschrauber begleitete den Zug in 300 Meter Höhe, um die Bildimpulse zum Sender in Hamburg-Lokstedt zu übermitteln. An den Bahnübergängen standen die Leute und winkten mit Bettüchern, und alles klappte vorzüglich. Selbst bei den eingespielten Filmen gab es keine Bildstörungen.

Und dann kam das Finale auf dem Hamburger Hauptbahnhof: Carlheinz Hollmann wollte die Absage von der Rolltreppe aus machen, die ihn langsam und unaufhaltsam nach oben trug. Leider hatte niemand daran gedacht, daß das Kabel seines Mikrophons dafür nicht lang genug war. Der Moderator wurde immer krummer, bis er schließlich das Mikro in die Menge warf. Der Jubel der Zaungäste war ihm sicher.

Etwas gefährlicher war da schon im selben Jahr die Übertragung von dem Kreuzfahrtschiff „Hanseatic" zum 775. Hafengeburtstag. Der Reeder Axel Christensen war mit dem Gastspiel an Bord einverstanden gewesen, Erhard Herzig, Leiter des Regionalprogramms, hatte Bedenken. „Wenn das schief geht", warnte er Hollmann, „dann fliegen Sie raus." Der Schaubuden-Chef ließ sich davon nicht entmutigen.

In Cuxhaven ging die Schaubude an Bord des Luxusdampfers. Die englischen Passagiere waren bereits im nordfranzösischen Cherbourg ausquartiert und nach Southampton geflogen worden. So hatte die Schaubude einen Tag mehr für die Proben gewonnen. Vor dem Eintreffen der „Hanseatic" hatte sich bereits herausgestellt: Die Kaianlagen vom Steubenhöft in Cuxhaven trugen den schweren Ü-Wagen nicht. Ein Spezialkran mußte her. Hollmann wußte, daß es einen solchen Kran auf der Hannover-Messe gab. Der wurde zwar dort auch gebraucht, aber nach Schilderung der Notsituation kam die erlösende Antwort: „Aber klar doch, für die Schaubude ziehen wir den ab." Die Sendung konnte planmäßig über den Bildschirm gehen.

Was jedoch niemand ahnte, kam am Ende der Fahrt. Während Wasserfontänen das Schiff beim Einlaufen in den Hamburger Hafen begleiteten und die Zuschauer winkten und jubelten, gab es „Grundberührung". Der Wasserstand in der Elbe war zu niedrig. Die „Hanseatic" hatte die Abdeckung des alten Elbtunnels geschrammt.

1964 unternimmt die Schaubude weitere spektakuläre Ausflüge. Zum 775. Hafengeburtstag wird von Bord des Kreuzfahrtschiffes „Hanseatic" übertragen.

Palastrevolution.

Der Erfolg der Regionalsendung ließ den „jungen hungrigen Reporter" nicht ruhen: Carlheinz Hollmann wollte mehr – eine Sendung, die bundesweit ausgestrahlt wurde. Beim NDR stieß er mit seinem Wunsch auf taube Ohren. Doch seit 1961 gab es schließlich ein Zweites Programm, das – damals noch in der schwächeren Position – dem Ersten liebend gern Konkurrenz machte. Drei Jahre nach seiner Gründung erreichte es allerdings noch immer nur 65 Prozent aller Fernsehzuschauer. Dennoch: Das Angebot, im ZDF eine ähnliche Sendung zu machen, war für Hollmann verlockend. Sein Vertrag mit dem NDR lief am 31. Oktober 1964 aus. Das war der Abschied von der Schaubude.

Ein Abschied, der einer Palastrevolution gleichkam. Denn mit Hollmann ging nicht nur seine Kollegin Karin von Faber, sondern auch Produzent Harald Rogler und Produktionssekretärin Edith Borchers. „Schaufenster Deutschland" hieß ihre Zukunft beim ZDF. Hunderte von Fans stauten sich zur 289. Schaubude noch einmal vor den Fenstern des gläsernen Studios. Diesmal nicht so sehr, um Stars und Technik zu bewundern, sondern um Abschied zu nehmen. In fairer Kollegialität stellte der scheidende Moderator seinen Nachfolger vor: Hermann Rockmann.

„Auf Dauer ist das nichts für mich": Hörfunk-Profi Hermann Rockmann übernimmt 1964 die Moderation der Schaubude – doch nur für ein paar Monate.

Eine glückliche Wahl. So hieß es damals. Doch schon drei Monate später war alles vorbei. Rockmann, seit 24 Jahren Rundfunkreporter, seit elf Jahren Chef der Reportageabteilung beim NDR, war den Hörern durch seine markante Stimme, seine präzisen und anschaulichen Berichte, seinen intelligenten Humor bestens vertraut. Er versprach, die Schaubude im Sinne seiner Vorgänger weiterzuführen. Aber nach der Probezeit gab er zu: „Auf Dauer ist das nichts für mich."

Belastend für den Reportage-Profi kam hinzu, daß ihm gleich zu Beginn eine Moderatorin zur Seite gestellt wurde, die sich bald als Fehlgriff erwies. Marion Wedekind, mit zwölf Jahren Kindermannequin, dann Fotomodell und Journalistin, zuletzt Leiterin der bayerischen Regionalsendung „Münchner Schaufenster". Beste Voraussetzungen eigentlich. Beim Start am 7. November war man wegen der üblichen Anfangsnervosität durchaus gewillt, ein Auge zuzudrücken. „Rocky" informierte sachlich und etwas zu breit über die Hubertus-Jagd; Hamburgs Innensenator Helmut Schmidt berichtete über den ersten Hamburger Schlagerwettbewerb; und Marion Wedekind, deren Unsicherheit unüberseh- und -hörbar war, lächelte sich durch die Interviews mit den Preisträgern. Mitte Dezember war ihr die Lust an der Schaubude dann endgültig vergangen. „Ich wollte schon nach der ersten Sendung aufgeben", bekannte sie. Tatsächlich schied sie nach der siebten Sendung aus.

Rockmann brauchte eine neue Partnerin! Da standen die jungen Damen Schlange, als gelte es, einen Vertrag für Hollywood zu unterschreiben. 5000 Probeaufnahmen wurden gesichtet, mehr als 300 Hamburgerinnen zwischen 13 und 60 Jahren hatten sich beworben. Die Schauspielerin Ingrid Buck-Setter war nicht darunter. Sie wurde bei Aufnahmen für das „Fernsehgericht" im Studio Hamburg entdeckt. Man drückte ihr einen Text in die Hand und ließ die Kamera laufen, ohne daß sie wußte, wofür das Ganze gut war. Zwei Tage

Die blonde Schauspielerin Ingrid Buck-Setter wird Rockmanns Moderatoren-Partnerin.

Rolf Eschenbach, Schaubuden-Reporter der ersten Jahre, übernimmt die Sendung 1965.

später mußte sie ein Yves-Montand-Double interviewen. Kein Problem für die Hamburgerin aus dem Nobelstadtteil Pöseldorf, die in Paris Sprachen und Kunstgeschichte studiert hatte. Hermann Rockmann entschied sich für sie. Und sie kam glänzend beim Publikum an. Doch „Rockys" Rückzug machte der Zusammenarbeit schnell ein Ende. Gemeinsam moderierten sie nur knapp einen Monat lang.

Rockmanns Nachfolger wurde NDR-Japan-Korrespondent Rolf Eschenbach, der schon zu Werner Baeckers Zeiten Schaubuden-Reporter gewesen war. Ihm stand für zwei Monate Schaubuden-„Urvater" Werner Baecker zur Seite. Er half Eschenbach über die ersten Hürden hinweg.

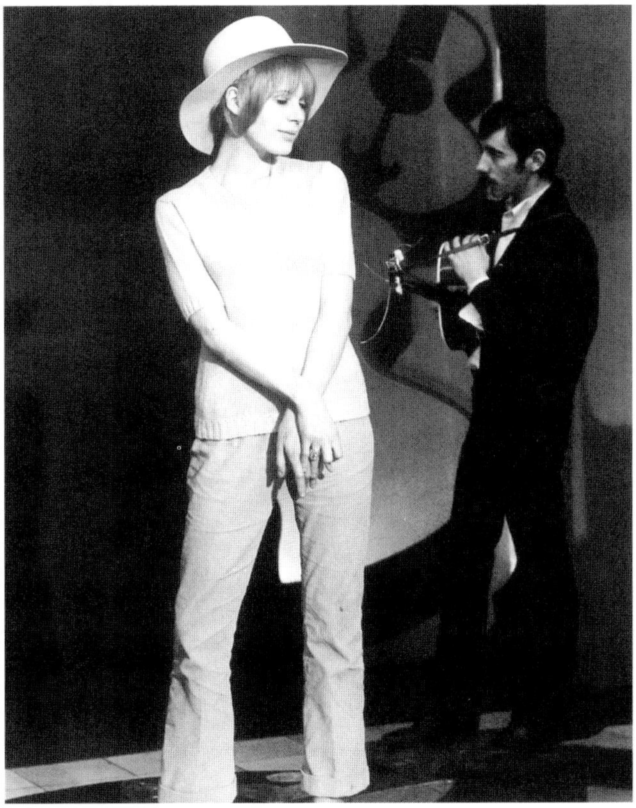

Ganz links: **Ein prominenter Gast bleibt 1967 hinter den Kulissen: „Rolling Stone" Mick Jagger unterhält sich angeregt mit Rolf Eschenbach, während seine musikalisch weitaus zahmere Freundin Marianne Faithfull** (links), **das englische Mädchen vom Lande, sich bei ihrem Schaubuden-Auftritt mit „Plaisir d'amour" französisch gibt.** Unten: **Silvester 1966: Im neuen Pressezentrum im Hochhaus am Millerntor befragt Rolf Eschenbach (rechts) seine Gäste – Reporter Hermann Rockmann, Schriftsteller Siegfried Lenz, „Stern"-Chefredakteur Henri Nannen (von links) – nach ihren Erwartungen für das kommende Jahr.**

Das „Fräuleinwunder“ hält Einzug.

Durch aktuelle Berichte und seine beliebte Reihe „Treffpunkt New York" war Werner Baecker auch nach seinem Schaubuden-Abschied bei den deutschen Fernsehzuschauern präsent. Für sein ehemaliges „Ziehkind" kehrte er gern nach Hamburg zurück. Rolf Eschenbach war schließlich als Leiter einer buntgemischten Show völlig unerfahren. „Es ist schon ein Unterschied, ob man ruhig mit der Fernsehkamera durch die Gegend zieht oder bei einer Live-Sendung keinen Versprecher oder vergessenen Gedanken ausbügeln kann", meinte er. Aber als die ersten Sendungen gelaufen waren, freute sich Werner Baecker: „Wir haben beweisen können, daß unser altes Rezept aus dem Jahre 1957 immer noch stimmt."

Werner Baecker war es auch, der Anfang 1965 nicht nur die Erkennungsmelodie änderte, sondern auch das „Fräuleinwunder" in die Schaubude brachte. In den USA machte gerade ein neues Musical Furore: „Hello Dolly". Der Titelsong wurde sogar zum Wahlschlager: Lyndon B. Johnson for president – „Hello Lyndon!" Für die Schaubude spielte Orchesterchef Alfred Hause die Melodie als Ausklang ein; die neue Erkennungsmelodie von George Gershwin aus dem Musical „Funny Face" versprach hingegen beziehungsreich: „It's wonderful, it's marvellous ..." Dabei blieb es bis heute.

Nicht nur Dolly, sondern auch die hochaufgeschossenen, ranken Mädchen aus Deutschland machten in den 60er Jahren in Amerika von sich reden. Damals hießen sie noch Mannequins oder Fotomodelle. Sie hatten zwar noch nicht ganz den Star-Nimbus einer Claudia Schiffer, doch im Rampenlicht der internationalen Öffentlichkeit standen sie schon. So auch die 1,76 m große Marie Louise Steinbauer. Sie hatte Sprachen studiert, wollte eigentlich Dolmetscherin werden, schrieb bereits als Kolumnistin in deutschen Zeitungen und war durch ihre Mannequin-Karriere versiert im Umgang mit Menschen, auch Prominenten, und sicher vor der Kamera.

Auf diese junge Dame hatte Werner Baecker bereits in New York sein Augenmerk geworfen. In seiner Überbrückungsphase mit Rolf Eschenbach hatte er sie zweimal als Mannequin in die Schaubude geholt und einmal sogar eine Probeansage machen lassen.

Vor der Sommerpause 1965 verließ nach Marion Wedekind auch Ingrid Buck-Setter den Moderatorenstuhl. Sie wollte wieder mehr Theater spielen. Die Neue: die elegante Marie Louise.

1965 von Werner Baecker in New York entdeckt: Marie Louise Steinbauer, Mannequin mit Show-Erfahrung.

Runter mit den falschen Wimpern!

Sicheres Auftreten gehörte zu ihrem Beruf als Mannequin. Und so trat sie auch voller Zuversicht vor die Kamera. „Ich ahnungsloser Engel!" gestand Marie Louise, deren Nachname Steinbauer fürs Fernsehen schlicht gestrichen wurde, nach ihrem Einstand. In ihrer wöchentlichen „Bild am Sonntag"-Kolumne beschrieb sie anschaulich das ganze Drama ihrer ersten Sendung, in der sie nicht nur den „007"-Bösewicht Odd Job Sakada interviewte, sondern auch Zirkusdirektor Sembach-Krone samt Kakadu: In der Maskenbildnerei fing es schon an.

„Da glaubte ich, als Fotomodell hätte ich beim Schminken den Bogen raus. Das war Fehlschluß Nr.1. ‚Erst mal runter mit den falschen Wimpern', hieß es, sie sind nichts für den Bildschirm. Denn sie produzieren Schlafzimmerblicke, und jeder denkt: Ach du liebe Güte, was hat die denn vor?" Das war aber noch nicht alles. Auch die Haare wurden zum Problem. „In fast allerletzter Minute wollte ich meine Ponyfransen mit Haarspray schön festkleistern. Ich sprühte und sprühte und – Öl floß in Strömen. Ich hatte in meiner Aufregung die Dosen verwechselt."

Und dann erst ihre Größe: „Ich bin nicht die Kleinste, 1,76 m ohne Hacken, und viel höher war die Studiodecke auch nicht. Und darunter hängen ja auch noch die Scheinwerfer. Da die Zuschauer aber mein Gesicht nicht mit Jupiterlampen dekoriert sehen sollten, durfte ich nur flache Schuhe tragen. Überhaupt die Kleidung: nicht zu fein, hatte man mir gesagt, nicht zu auffallend, immer schön auf die Partner abgestimmt. Wie konnte ich ahnen, ob die von mir zu interviewende Dame gestreift, geblümt oder kariert erscheinen würde?"

Solche Sorgen plagten die Herren weniger. Und schon gar nicht den, der kurze Zeit später Marie Louises Moderatoren-Partner werden sollte: Christian Müller. Stets korrekt mit Schlips und Kragen, gab es für den gebürtigen Hamburger nur ein Attribut: hanseatisch.

Ein tragischer Unfall hatte dem Rundfunk-Reporter den Weg in die Schaubude bereitet. Helmut Günther, Müllers Hörfunk-Kollege und Schaubuden-Reporter, war im Treppenhaus zu seiner Wohnung einige Stockwerke tief gestürzt und an seinen Verletzungen gestorben. Ein Schock für die Schaubuden-Mannschaft. Doch das Prinzip „The show must go on" galt auch hier. Es ging weiter. Nach einem Probeinterview anläßlich der Einweihung der Fußgängerzone Neue Bergstraße in Altona wurde Müller Günthers Nachfolger als Reporter und Moderator im Studio. Das war der Beginn einer fast zehnjährigen Ära: Christian Müller und Marie Louise wurden zum Traumpaar der Schaubude.

Zehn Jahre lang moderieren Marie Louise und Christian Müller gemeinsam. Eine wunderbare Zusammenarbeit: Sie werden zum „Traumpaar" der Schaubude.

Die Schaubude wird bunt.

Nicht immer braucht die Unterhaltung Musik oder große Worte, und erst recht nicht in einer Zeit, als das Bild schon bunt daherkommt. 1969, zwei Jahre nach dem Start des Farbfernsehens in Deutschland, gibt der weltbekannte Pantomime Marcel Marceau während eines Gesprächs mit Marie Louise Steinbauer in der Rolle des „Bip" eine Probe seines Könnens.

Die Weiterentwicklung des Fernsehens brachte für die Schaubude eine gravierende Änderung mit sich: Der Bildschirm wurde farbig, und die Schaubude mußte in ein richtiges Studio in Hamburg-Lokstedt ziehen. Es gab nur zwei Übertragungswagen beim NDR, die für Farbsendungen eingerichtet waren. Die jedoch wurden anderweitig eingesetzt. Außerdem brauchten die gewaltigen Farbkameras noch mehr Scheinwerferlicht. Das war im gläsernen Studio nicht möglich. Vor der Sommerpause 1967 gab es einen leicht sentimentalen Abschied. Rolf Eschenbach gewährte den Zuschauern einen Blick hinter die Kulissen: die nüchternen Stellwände, die Enge in den Kellerräumen des Autosalons, die Änderungen im Programm, wenn ein aktuelles Thema oder ein Gaststar die Planung durchkreuzte – das alles ließ er noch einmal Revue passieren. Wichtige Frage an einen Gast, den Erfinder des PAL-Systems, Professor Walter Bruch: „Kann man Farbsendungen auch auf Schwarzweiß-Geräten sehen?" Schließlich hatten von 13 Millionen Fernsehteilnehmern in der Bundesrepublik erst 5000 einen Farbfernseher. Beruhigende Antwort: „Kein Problem." Allerdings konnte man die Schwarzweiß-Apparate nicht auf „bunt" umschalten.

„Unsere Maskenbildnerinnen arbeiteten im Keller, richtige Garderoben gab es nicht. Das Sekretariat – bestehend aus einem Tisch, einem Stuhl, einer Schreibmaschine – war in einer Besenkammer. Zum Luftschnappen ging man bei schlechtem Wetter in die Garage. In einem kleinen Nebenraum stand die Bar, an der die Leute Kaffee, Limonade oder auch ein Bier oder einen Whisky tranken. Da konnte man Professor Weichmann im Gespräch mit Anita Ekberg sehen oder Heidi Kabel vielleicht mit John Lennon." So beschrieb Rolf Eschenbach seine Schaubuden-Jahre. In der Erinnerung verklärt sich alles. Die Improvisation, das Spontane, das Nicht-Perfekte hatten schließlich den Reiz ausgemacht. Da konnte die Studio-Atmosphäre nicht mehr ganz mithalten.

Aber zunächst galt es, sich auf das Farbfernsehen umzustellen. Die erste Sendung am 25. August 1967 von der Funkausstellung in Berlin war zugleich auch die erste Farbausstrahlung im deutschen Fernsehen überhaupt. Der offizielle Start war zwar erst um 20.15 Uhr, also nach der Tagesschau. Doch zuvor wurde schon die Aktuelle Schaubude regional ausgestrahlt. Ein historischer Augenblick: Die Farbpremiere des deutschen Fernsehens fand in der Schaubude statt.

Die Farbkameras brachten ganz neue Probleme mit sich: Ein gesunder, gut gebräunter Teint machte die Interpreten oder Moderatoren zu dunkel. Helle Haut war Pflicht. Da wurde so mancher Sonnenanbeter weiß wie ein Clown geschminkt. Diese Regel machte auch vor Roberto Blanco nicht halt. Der Sänger, der in der Schaubude gern gesehener Gast und Stimmungsmacher war, wurde zwangsläufig vom Haaransatz bis zu den Fingerspitzen bleich getönt.

Weiße Hemden dagegen waren tabu. Sie ergaben einen Flimmereffekt und wurden mit Tee eingefärbt. Und wie wirkt Schnee in Farbe? Diese Frage beschäftigte das Team beim Winterabstecher in den Harz. Doch da war nicht viel zu machen – man mußte damit leben, daß die kalte Pracht auf dem Schirm flimmerte. Eine berühmte schwarze Rose hingegen fiel dem Farbdiktat der Kameras zum Opfer. Schwarz nämlich wirkte auf dem Bildschirm schmutziggrau. Die neue Züchtung, die Inge Meysel vorstellen sollte, war zwar nicht ganz tiefschwarz, sollte aber so aussehen. Zu diesem Zweck stäubte man sie mit blauem Puder ein, der im Bild wiederum als Schwarz erschien. Inge Meysel hatte davon keine Ahnung. Und als sie demonstrativ ihre Nase in die Edelblume versenkte, um ihren Duft zu schnuppern, tauchte sie blaugesprenkelt wieder auf.

Durch die neue Technik ergaben sich jedoch auch neue Möglichkeiten. Besonders für den einfallsreichen Bühnenbildner Heinz Heyer. Oft genug hatte er Kulissen auf Brettergestelle montieren müssen. Im Lokstedter Studio B konnte er endlich ganze Räume gestalten, Gärten und Landschaften entwerfen, Fachwerkhäuser und urige Kneipen bauen. Das Studio wurde zu seiner Spielwiese, für jeden Interpreten gab es nun eine neue Dekoration.

Start des deutschen Farbfernsehens während der Funkausstellung 1967 in Berlin: Offiziell beginnt es in Anwesenheit der Ehrengäste (von links Berlins Regierender Bürgermeister Heinrich Albertz, Vizekanzler Willy Brandt, PAL-Erfinder Walter Bruch, Bundespostminister Werner Dollinger) erst um 20.15 Uhr. Doch die Schaubude geht schon vorher regional in Farbe auf Sendung.

Grüße „nach drüben".

Als die Schaubude im Dezember 1967 zehn Jahre alt wurde, lag ihr Leiter Rolf Eschenbach im Krankenbett: Bauchfellentzündung, hieß es. Im Jahr darauf nahm er, auch aus gesundheitlichen Gründen, seinen Abschied. Das war der Beginn einer Neukonzeption: Christian Müller und Marie Louise blieben die Moderatoren vor der Kamera, Werner Buttstädt übernahm die Leitung der Sendung.

Hans Joachim Kulenkampff ist nicht nur als Showmaster populär, sondern auch als Schauspieler: 1968 gastiert er mit dem Zuckmayer-Stück „Des Teufels General" in Hamburg und besucht die Schaubude.

Bundesverdienstkreuz und Ehrenspielführerschaft der Fußball-Nationalmannschaft: Uwe Seeler feiert 1970 mit der Schaubuden-Mannschaft. Mit dabei: seine Frau Ilka und die Töchter Kerstin und Helle.

Bis 1975 blieb dieses Team zusammen. Und erlebte einen neuen Höhenflug. 7,2 Millionen Zuschauer wurden 1971 allein unter den Bundesbürgern gezählt, die aus der DDR kamen noch hinzu, obwohl West-Fernsehen dort verboten war. Sie waren ganz besonders begeisterte Anhänger der Schaubude, die für sie eine der letzten Brücken in den Westen bedeutete. Die Aktuelle Schaubude wurde zur beliebtesten Westsendung im Osten. In rührenden Briefen und Karten bekundeten unzählige DDR-Bürger ihre Sympathie.

Frank Schöbel war einer der wenigen DDR-Künstler, die Abstecher in den Westen machen durften. Mit seinem Hit „Wie ein Stern" trat er 1971 zum erstenmal in der Schaubude auf. „Es war wie Weihnachten und Ostern zugleich", erinnert sich der Leipziger, „wie Ausgang aus dem Knast." Trotzdem: Ein schaler Nachgeschmack blieb zurück, daß er einer der „Auserlesenen" sein durfte. In einem Fanbrief schrieb ihm ein junges Mädchen: „Meine Tante sagt, daß Sie auch im Westen singen. Dann sind Sie richtig gut." Klar, Erfolg hatte er auch im eigenen Land. Aber erst die Anerkennung im Westen verlieh ihm den richtigen Starnimbus. Frank Schöbel blieb der Schaubude auch nach der Wende treu und tritt dort noch immer auf.

Rolf Eschenbach hatte schon regelmäßig Grüße „nach drüben" oder „hinter den Eisernen Vorhang" geschickt. Doch jetzt wurden Orte genannt. Die Zuschriften kamen zwar meistens anonym, doch der Poststempel verriet die Herkunft: nicht nur Leipzig, Rostock oder Schwerin, sondern auch Schmatzfeld, Kuhblank oder Neuendorf am Speck.

Die ungewohnten Namen waren allerdings einmal auch Anlaß zu einer peinlichen Panne: Victoria Voncampe, mit Carlo von Tiedemann Moderatorin von 1978 bis 1984, verhaspelte sich: „Herzliche Wünsche diesmal nach Geraberg, Oberwünsch, Gera ... ääh, Verzeihung, Bernburg an der Saale." Sekunden später hörten die Zuschauer „Vicky" fluchen: „Muß ich

denn immer diese Scheiße am Schluß haben?" Die Mikrophone waren noch nicht abgeschaltet. Gemeint war natürlich ihr Versprecher, aber empörte Anrufer bezogen die drastische Formulierung auf die Grüße in die DDR.
Der Treue der Fans „von drüben" tat das keinen Abbruch. Und als 1981 mit der Einführung eines einheitlichen, bundesweiten Vormittagsprogramms die Schaubuden-Wiederholungen montags um 10.05 Uhr gestrichen wurden, da kamen viele traurige Briefe. Doch die Verbundenheit blieb. Das zeigte sich in der überwältigenden Resonanz, die die Schaubude am 23. Dezember 1989 erfuhr: Die Grenzen zur DDR hatten sich geöffnet, die Schaubude wurde deshalb direkt vom Grenzübergang Eckertal bei Bad Harzburg aufgezeichnet. Der Ansturm der Besucher war unbeschreiblich: 15 000 kamen, sogar aus Halle und aus Leipzig.
Der Erfolg der Schaubude, nicht nur in der ehemaligen DDR, hatte einen ziemlich einfachen Hintergrund: Das Konzept paßte genau zum Sendeplatz, der inzwischen auf 19.15 bis 19.52 Uhr verschoben worden war. Da wurde das Abendbrot vorbereitet, da machte man sich zum Ausgehen fertig oder brachte die Kinder ins Bett. Keine Zeit zum kontinuierlichen Hinschauen, aber Zeit genug für kurze Interviews und Musikeinlagen. In den 70er Jahren richtete sich sogar das gesellschaftliche Leben am Sonnabend nach der Schaubude: Vor 20 Uhr ging man nicht aus.
Das betraf allerdings nicht die Jugend im Studentenalter. Die hatte andere Interessen und Ziele. Deutsche Schlager – da rümpfte man die Nase. Protestsänger wie Joan Baez oder Bob Dylan fanden hingegen keinen Platz in der Bildschirm-Oase der Bürgerlichkeit. In der Schaubude durfte sogar der Schah von Persien (allerdings nur in einem Filmausschnitt) mit seiner schönen Farah Diba auftreten, als er 1967 in Hamburg zu Gast war – wo doch sein Besuch in Berlin schon zu massiven Protesten, den Vorläufern der 68er-Studentenrevolte, geführt hatte. Doch als Christian Müller in einem zaghaften Versuch, die Studentenprobleme ins Studio zu holen, nicht nur Hamburgs damaligen Schulsenator Wilhelm Drexelius, sondern auch den AStA-Vorsitzenden Jörg König zu Wort kommen und eine Studentin ein Manifest verlesen ließ, da hatte das ungeahnte Folgen. Müller stand fortan unter der Beobachtung des Verfassungsschutzes. Die Studentin war Angela Luther, wenig später gesuchte Terroristin der Rote Armee Fraktion (RAF).

„Unter den Talaren Muff von 1000 Jahren": Das ist der Slogan der Studentenrevolte, die 1968 die Bundesrepublik erschüttert. Auch die Schaubude greift das Thema auf; u. a. darf eine unbekannte Studentin ein Manifest verlesen, die sich später der RAF anschließt: Angela Luther.

Ganz links: **1969 bekommt Barry Ryan für seinen Hit „Eloise" die Goldene Schallplatte. Marie Louise überreicht sie ihm in der Schaubude, sein Song kommt per Playback-Aufzeichnung auf den Bildschirm.**
Links: **Nach langer Zeit wieder in der Stadt, in der sie im Gründgens-Ensemble des Schauspielhauses ihre großen Erfolge feierte. Elisabeth Flickenschildt spielt 1969 im Jungen Theater (später: Ernst-Deutsch-Theater) in Julius Hays Stück „Haben" eine Giftmörderin.**
Unten: **Christian Müller stellt im Rahmen der Aktion „Tierfreund" einen herrenlosen Hund vor.**

Oben: **In idyllischer Dekoration zeigt Roberto Blanco 1973 mit „Große und Kleine" ein Herz für Kinder.**

Unten: **Harald Juhnke auf dem Weg zum Entertainer. „Beide Hände in den Taschen" heißt sein Song 1968.**

Oben: **Beliebtes Duo nicht nur auf der Ohnsorg-Bühne, sondern auch beim Gesang: Heidi Kabel und Henry Vahl.**

Unten: **Die Bee Gees 1968. Nur nicht zu ausgeflippt, dann dürfen auch Rock-Gruppen in die Schaubude.**

HH - MM 20

Kieler Woche 1970: Rex Gildo (links) fährt im Oldtimer vor; am Strand von Laboe scharen sich die Schaulustigen (oben); vor der Jachthafen-Kulisse singt Lale Andersen (unten) das plattdeutsche Lied „Min Jehan".

„Wenigstens sind Sie ährrlich!“

Im Operettenhaus gastiert Zarah Leander 1968 mit dem Musical „Wodka für die Königin". Noch immer ein Star, doch der Glamour ist verblaßt. Ihr Auftritt in der Schaubude weckt nur noch nostalgische Reminiszenzen.

Der Umgang mit Prominenten gehörte für Marie Louise und Christian Müller zum Alltag. Sammy Davis jr., Shirley MacLaine, Bud Spencer oder Peter Ustinov – kaum ein internationaler Star ließ sich die Gelegenheit entgehen, seine Popularität hier für den norddeutschen Raum noch ein bißchen aufzufrischen.

Als Zarah Leander 1968 im Operettenhaus in „Wodka für die Königin" auftrat, sollte der legendäre Leinwandstar natürlich auch in der Schaubude eine Kostprobe davon bieten. Doch die Diva konnte kaum noch sehen und wurde in dem Musical von einem in die Handlung eingebauten Herrn auf die Bühne geleitet. In der Schaubude hatte sie Operettenhaus-Chef Kurt Collien fest im Griff. Doch was konnte noch darüber hinwegtäuschen, daß die großen Zeiten des Ruhms und der persönlichen Ausstrahlung vorbei waren? Nach ihrem Auftritt fragte sie Christian Müller: „Nun, wie fanden Sie's?" Höflich, aber doch nicht schmeichlerisch, meinte er: „Gnä' Frau, ich weiß nicht, ob Sie sich das noch antun müssen." Pause. Dann die Antwort: „Mein Junge, wenigstens sind Sie ährrlich."

Keine Königin, aber immerhin eine Königliche Hoheit wollten Christian Müller und Marie Louise beim Schützenfest 1970 in Hannover präsentieren. Die Tochter des letzten Deutschen Kaisers, Herzogin Viktoria Luise von Braunschweig, war nicht nur Schirmherrin des Volksfestes, sondern hatte auch gerade ihre

Vico Torriani 1978 mit Mitwirkenden des Musicals „Boeing Boeing", mit dem er auf Tournee ist.

Memoiren veröffentlicht. Hofknicks oder Handkuß? Wie sollten die beiden Moderatoren bei der Dame aus kaiserlichem Hause antreten? Im durchaus bürgerlichen Wohnsitz am Rande des Stadtwalds von Hannover wurden sie empfangen. Das technische Team war schon da und wurde – wie es sich fürs „Personal" gehört – in der Küche bewirtet. Die Stars der Schaubude durften in den Salon und bekamen Tee aus fürstlichem Porzellan – bis „Köheit", wie sie ihr Verleger vertraulich nannte, selbst erschien: dezent gestylt mit lila Haar und dazu passender Garderobe. Das Gespräch mit ihr entwickelte sich fast intim. „Köheit" sprach von ihren „spanischen und griechischen Kindern". Da konnte Christian Müller bestens mitreden: Mit einem Enkel der Herzogin, dem im Exil lebenden König Konstantin von Griechenland, und mit dem Ehemann ihrer Enkelin Sophie, dem spanischen Thronanwärter Juan Carlos, war er schon während der Kieler Woche gesegelt.

Auch der Umgang mit der großen Komödiantin Grethe Weiser, die als ausgesprochen schwierig galt, erwies sich unproblematischer als gedacht. Zwar bestand sie darauf, ihr Hündchen Hubsi mitzubringen, doch mit ihm auf dem Schoß zeigte sie sich vor der Kamera umgänglich, charmant und humorvoll. Als sie im Rahmen einer Tierschutzaktion eine Ziege anvertraut bekam, die sie symbolisch weiterreichen sollte, meinte sie selbstironisch: „Und nun übergibt eine alte Zicke einen jungen Ziegenbock."

Norddeutschlands Politiker nahmen immer wieder die Gelegenheit wahr, sich in der populären Schaubude zu präsentieren. Und dabei ging es manches Mal durchaus nicht nur um Politik. Von Helmut Schmidt, der als Hamburger Innensenator bereits häufiger Gast im gläsernen Studio gewesen war, wußte man, daß er zu Hause gern auf der Hammond-Orgel spielte. Aber würde er sein Hobby auch in der Öffentlichkeit vorführen? Zumal er inzwischen zum Bonner Minister aufgestiegen war! Schmidt kam zum Interview – und fand im Studio eine Orgel vor. Höflich gebeten, ob er denn darauf eine kleine Kostprobe seiner musikalischen Qualitäten geben könne, setzte er sich ohne Hemmungen an die Tasten und intonierte „Stadt Hamburg an der Elbe Auen ..."

Auch im Hause von Ernst Albrecht wurde musiziert. Als er 1976 zum neuen Ministerpräsidenten Niedersachsens gewählt worden war, sollte er mit seiner Familie natürlich auch in der Schaubude auftreten. Doch zunächst erklärten sich nur Mutter Heidi-Adele und fünf Kinder zum Chorgesang bereit. Zwei Jahre später war auch Vater Ernst dabei: Der Politiker hatte mit seiner Familie eine Platte zugunsten der Stiftung „Familie in Not" herausgebracht und wollte ihr mit Hilfe der Schaubude die nötige Publizität verschaffen.

Weniger Erfolg hingegen war Schleswig-Holsteins Ministerpräsident Gerhard Stoltenberg mit seinen Sangeskünsten beschieden: Unterstützt vom stimmkräftigen „Passat"-Chor, ließ er mehr schlecht als recht die „Nordseewellen an den Strand trecken".

Rechts: **Theo Lingen tritt 1970 bei den Gandersheimer Domfestspielen in Brechts „Mutter Courage" auf, Marie Louise spricht mit ihm in der Schaubude über die Höhepunkte seiner Film- und Theater-Laufbahn.**
Unten: **Ein kleines Persönchen mit großer Stimme: 1971 macht Mireille Mathieu während einer Deutschlandtournee Station in der Schaubude.**

Links: **Mit dezent gesellschaftskritischen Liedern wie „Mein Freund, der Baum" und „Zigeunerjunge" wird Alexandra zum Star. Im Mai 1969 tritt die Sängerin mit der dunklen Stimme noch in der Schaubude auf. Am 30. Juli stirbt sie bei einem Autounfall in der Nähe von Heide/Holstein.** Unten: **Mit folkloristisch angehauchten Schlagern erobert sich Dunja Rajter ihr Publikum. 1971 macht sie im Rahmen einer Deutschlandtournee einen werbewirksamen Schaubuden-Abstecher.**

Bitte ein Autogramm!

Popularität hat Folgen: nämlich Autogrammjäger. Das bekam selbstverständlich auch das Schaubuden-Paar zu spüren. Während der Olympischen Spiele 1972 berichtete Christian Müller von den Segelwettkämpfen in Kiel. Wieder war die Schaubude – wie schon bei der ersten Farbsendung aus Berlin – der ARD um eine Nasenlänge voraus: Zur Eröffnung der Sportereignisse an und in der Kieler Förde

Warten auf den Auftritt. Promi-Treff an Bord einer Segeljacht während der Olympia-Schaubude 1972 in Kiel: Rudolf Schock, Anna Moffo, Udo Jürgens, Vicky Leandros, Christian Müller (von links).

wurde erst die Regionalsendung ausgestrahlt, danach folgte die bundesweite Auftaktsendung. Hobby-Segler Müller blieb anschließend noch vierzehn Tage als Betreuer der VIPs in Kiel. Zu den Prominenten gehörte auch Avery Brundage, der Präsident des Internationalen Olympischen Komitees, der an einem „Tag der offenen Tür" die Rennstrecke besichtigen wollte. Die Anstrengungen und die Menschenmassen hatten ihn sichtlich erschöpft. „Ich bin ein alter Mann", sagte er zu seinem Betreuer. „Ich brauche meinen Mittagsschlaf." Praktischerweise wollte er sich gleich an Bord des Schiffes hinlegen, mit dem er später zur Besichtigung starten würde. Ein Anruf beim Kapitän machte alles klar. Keilförmig bahnte sich Christian Müller durch die Schaulustigen einen Weg zum Schiff, seinen prominenten Gast im Schlepptau. Da schob sich ein kleiner Junge heran und hielt einen Zettel hoch. „Bitte 'n Autogramm!" forderte er. Brundage zückte bereitwillig seinen Schreiber. „Nee, nich von dir, Opa", protestierte der aufgeweckte Knabe, „von den ausse Schaubude!" Oh, wie peinlich! ging es Müller durch den Kopf, während er schrieb. Doch Brundage war ganz beeindruckt von der Popularität seines Begleiters.

Für Marie Louise hingegen wurden die vielen Schaubuden-Fans einmal zum Verhängnis. Ein großes Ereignis in Hamburg war 1974 die Einweihung der Köhlbrandbrücke, die sich in eleganter Kurve bis zu 53 Meter Höhe über einen Nebenarm der Elbe schwingt. Natürlich war auch die Schaubude dabei – mitten auf der Brücke. An den abgesperrten Enden drängelten sich die Schaulustigen. Christian Müller war bereits am Sendeplatz. Marie Louise jedoch kam später – zu spät: Die Menge versperrte ihr die Zufahrt. Aussichtslos, da durchzukommen.

Also wurde sie zum Fuß eines der 135 Meter hohen Pylonen gefahren, die die Brücke tragen. Von dort ging es per Fahrstuhl nach oben. Bis zur Fahrbahndecke, dem Sendeplatz der Schaubude, waren nur noch acht Treppenstufen zu überwinden. Allerdings gab das luftige Stahlgerüst auch den Blick nach unten frei. Das war zuviel für Marie Louise. Ihre Höhenangst war stärker. Um nichts in der Welt war sie zu bewegen, die Stufen zu betreten. Gutes Zureden, helfende Hände von vorne und von hinten – es nützte nichts. Die Moderatorin kehrte um und verließ den schwindelerregenden Schauplatz. Zum erstenmal mußte Christian Müller eine Sendung allein moderieren.

Oben: **Schaubuden-Gartenparty in Lokstedt, Sommer 1970: Christian Müller posiert mit Badenixen.**

Unten: **Seinem Ruf als Filmbösewicht zum Trotz ist Mario Adorf ein charmanter Gesprächspartner.**

Rechts: **1973 widerlegt Daliah Lavi mit zwei Schaubuden-Auftritten überzeugend die Gerüchte über ihren Rückzug aus dem Schlagergeschäft.**
Unten: **Helga Feddersen, Ulknudel und erfolgreiche Autorin von Fernsehspielen, probiert 1971 ein Trimm-Gerät aus.**

Links: **„Welcher Stern steht über uns?" fragt Peter Maffay 1971. Sein Stern am Schlagerhimmel steigt derweil rasant in die Höhe.** Unten: **Segelfan Christian Müller ist bei den Olympischen Spielen 1972 in Kiel ein fachkundiger Gesprächspartner für Juan Carlos, damals noch Spaniens Thronanwärter und Olympia-Teilnehmer.**

ARRI

Zugunsten des
Weltkinderhilfswerkes
der Vereinten Nationen
UNICEF

Links oben: **„Schätzchen" Uschi Glas ist 1973 eine der meistbeschäftigten Schauspielerinnen des deutschen Films. In der Schaubude versucht sie sich auch als Sängerin.** Links unten: **Heino besingt bei einem Hagenbeck-Abstecher 1971 die indianische Dame „Mohikana Shalali" und macht Werbung für seine neueste Langspielplatte.** Oben: **Die schwedische Gruppe Abba. Nach ihrem Sieg beim „Grand Prix Eurovision de la Chanson" 1974 singen Agnetha, Björn, Benny und Annafried ihren Superhit „Waterloo" auch in der Schaubude.**

Eine barocke Figur.

Gruppenbild mit Moderatoren: Das Schaubuden-Team posiert in voller Stärke für den Fotografen Hans Ernst Müller. Im Vordergrund Christian Müller und Marie Louise, in der Mitte dahinter Werner Buttstädt.

Während die Moderatoren immer wieder wechselten, gab es hinter den Kulissen einige Mitarbeiter, die der Schaubude jahrzehntelang die Treue hielten.

Herbert Sundermeier war ein Mann der ersten Stunde. Zunächst jedoch war er unter dem Regie führenden Hans Gertberg „nur" Kameramann. Seit 1959 sorgte er dann selbst dafür, daß die Show perfekt ins Bild kam, dirigierte Kameras, Beleuchtung, Moderatoren und Stars, was nicht immer ganz einfach war. Seine Erfahrung: „Am unangenehmsten sind die Künstler, die selbst Regie führen wollen. Am schwierigsten hat man's mit den sogenannten Sternchen, und am angenehmsten geht es mit den Profis." So mußte er einmal Hildegard Knef zumuten, 25mal denselben Weg zu gehen. Sie tat es klaglos. Sundermeier galt als exzellenter Farb-Experte, so daß selbst PAL-Erfinder Professor Walter Bruch anerkannte: „Die Schaubude hat die besten Farben."

Ebenfalls vom ersten Tag an dabei war Bühnenbildner Heinz Heyer, der mit viel Phantasie die ständig wechselnden Kulissen für die Gesangsinterpreten entwarf. Nur einmal konnte er eine Idee nicht umsetzen: Für seine letzte Sendung im Juni 1984 hatte er einen riesigen Schwan auf die Alster setzen wollen, in dem ein ganzes Orchester Platz haben sollte. Da-

für aber gab die Stadt keine Genehmigung. So verwandelte er dann nur den Ponton am Rathausmarkt mit Gondel-Pfählen und Brücken in ein kleines Venedig (siehe Foto Seite 100).
Bei einer Sendung, die anfangs nicht mehr als 12 000 Mark, zwanzig Jahre später noch immer höchstens 20 000 Mark kosten durfte, mußte streng aufs Geld geachtet werden. Dafür war Produktionsleiter Oskar Rombar zuständig. Der gebürtige Ungar war nach dem Krieg nach Deutschland gekommen und hatte sich mit seinem Hobby über Wasser gehalten: als Zauberkünstler, anfangs für englische und amerikanische Soldaten, später in allen großen Varieté-Theatern. 1966 kam er zur Schaubude. Doch da nützten ihm seine Zaubertricks wenig. Da hieß das Schlüsselwort: sparen. Selbst für die größten Stars rückte er als Gage nicht mehr als 400 Mark heraus, Interviewpartner bekamen oft nur 100 Mark. Als Theo Lingen 2000 Mark verlangte, wurde er wieder ausgeladen.
Niemand jedoch hat die Sendung durch seine Persönlichkeit so stark geprägt wie Werner Buttstädt. Er war nicht nur Leiter der Schaubude – er *war* die Schaubude. Zwischendurch hatte der ehemalige Außenreporter für das Politmagazin „Panorama" gearbeitet. Doch, wie er es drastisch ausdrückte: „Ich mach lieber 'ne Fuzzi-Sendung als eine, die mir keinen Spaß macht." Die Schaubude machte ihm Spaß. Und wie.
Kontakt- und trinkfreudig, fiel es ihm nicht schwer, wichtige Verbindungen zu knüpfen und aufzubauen. Er hatte Menschenkenntnis, journalistisches Gespür, einen untrüglichen Boulevard-Instinkt und rauhen Charme. Er war – nicht nur äußerlich – eine überbordend barocke Figur.
Sein Vater hatte ihm diesen Leitsatz mit auf den Weg gegeben: „Du kannst alles im Leben machen, min Jung, alles. Nur frühmorgens, wenn der Tag beginnt, mußt du dir im Spiegel ruhigen Auges ins ruhige Auge blicken können." So ganz gelang ihm das oft nicht, denn die Nächte wurden oft sehr lang. Dann kam Buttstädt mit kleinen Augen, oft erst am Nachmittag in die Redaktion – und war wieder voll da. Mit einem Wisch wurde das ganze

Bei Außenübertragungen im Juni 1984: Werner Buttstädt (links), Victoria Voncampe und Carlo von Tiedemann.

Programm, das in der Woche ausgearbeitet worden war, von der Planungstafel gefegt und neu konzipiert – sogar noch am Freitagabend. Buttstädt gelang es, sämtliche Stars, die er haben wollte, vor die Kamera zu holen – von Louis Armstrong bis Tom Jones, von Walt Disney bis zu Sophia Loren. Neil Diamond hatte auf einer Tournee allen Fernsehsendern einen Korb gegeben. Buttstädt gelang es, ihn zu einer Schachpartie herauszufordern. Nach vier Stunden war der weltbekannte Sänger reif für die Schaubude.

Al Martino mit der Samtstimme hatte sich weniger geziert, nachdem ihn seine Plattenfirma mühevoll zur einer Deutschlandtournee hatte bewegen können. Die war mit viel Aufwand vorbereitet worden und startete in Hamburg. Gute Gelegenheit, ihn zuvor mit seinem neuen Hit „Hey Mama" vorzustellen. Nach vollbrachtem Auftritt wollte sich der US-Entertainer noch ein bißchen amüsieren. Buttstädt hatte sofort den richtigen Tip: „Ich zeig' dir was – das wird dir niemand glauben." Und entführte ihn in den Club Amphore, ein Etablissement, in dem auf der Bühne das getrieben wurde, was schamhafte Ehepaare damals – 1973 – höchstens unter der Bettdecke taten. Am nächsten Morgen lag ein Zettel auf Al's Hotelkopfkissen mit einer Botschaft an den Schaubuden-Chef. „Du hattest recht: Das wird mir niemand glauben. Ich habe genug gesehen." Der Star war abgereist. Zurück nach Amerika. Aus für die Tournee. Seine Platten-Bosse kochten vor Wut.

Schon während der Kriegsgefangenschaft in den USA hatte Buttstädt seine Leidenschaft für den Rundfunk entdeckt. Sein Führungsoffizier fragte den sprachgewandten jungen Mann: „Wollen Sie nicht eine Lagerzeitung machen?" Darauf Buttstädt: „Nein, aber einen Lagerrundfunk." Im Kriegsjahr 1944 sendete er für seine Mitgefangenen täglich mehrere Stunden lang eine Mischung aus Interviews, Nachrichten und Musik: Das Schaubuden-Rezept, das später Werner Baecker aus den USA mitbrachte.

Während Buttstädts Schaubuden-Ära gab es nur eine einzige kurze Unterbrechung. Selbst im Krankenbett nach einem Unfall hatte er die Fäden in der Hand behalten. Doch diesmal war er nicht im Krankenhaus gelandet, sondern hinter Gittern. Wegen Trunkenheit am Steuer war er zum zweiten Mal – und diesmal ohne Führerschein – erwischt worden. Da gab es kein Pardon mehr. Werner Buttstädt mußte in den Knast. Bevor er sich nach Santa Fu, zur Haftanstalt im Hamburger Stadtteil Fuhlsbüttel, fahren ließ, ging er zu seinem Intendanten und teilte ihm mit: „Ich geh' für 50 Tage ins Gefängnis. Was passiert, wenn ich wiederkomme?" Der überrumpelte NDR-Boß Martin Neuffert antwortete völlig perplex: „Sie machen einfach weiter." Das tat er denn auch, nachdem er mit seinen Knastbrüdern kameradschaftlich den Kaviar und den Champagner geteilt hatte, den prominente Spender bei ihm abgeliefert hatten.

„Du, Werner, bist ein bunter Hund, ein Brecher, ein Kollege, wie wir ihn selten erlebt haben", resümierte NDR-Intendant Friedrich Wilhelm Räuker zum Abschied, als Buttstädt 1984 mit 65 Jahren in den Ruhestand ging. Das heißt: Ruhe gönnte er sich noch lange nicht. Er machte gegenüber vom NDR in der Rothenbaumchaussee eine Kneipe auf. Auf prominente Kundschaft brauchte er dort nicht lange zu warten.

Oben: **Nicht immer treten Schaubuden-Gäste live im Studio auf. Weltstars wie Sophia Loren werden im Hotel interviewt, die Gespräche mit ihnen als Aufzeichnung während der Sendung eingespielt.**

Rechts oben: **Für einen Eklat bei seiner Plattenfirma sorgt Schmusesänger Al Martino 1973. Nach seinem Auftritt zeigt Werner Buttstädt ihm das Nachtleben von Hamburg – mit dem Erfolg, daß der Star beeindruckt abreist. Die geplante Deutschlandtournee platzt.**

Rechts unten: **Hildegard Knef stellt 1970 ihre Autobiographie „Der geschenkte Gaul" vor, die zum Bestseller wird.**

Hildegard
KNEF
Der geschenkte Gaul

Bekannt wie ein bunter Hund.

Mitte der 60er Jahre war die bürgerliche Welt fast noch in Ordnung. Doch dann kam die Zeit der Umwälzungen: Studentenrevolte, Flower-Power-Bewegung, Hippie-Euphorie, antiautoritäre Erziehung. Trends, Geschmack, Gewohnheiten, Mode und Manieren – alles änderte sich. Mittendrin war die Schaubude eine bürgerliche Enklave geblieben. Und das Publikum liebte sein Moderatoren-Paar auch in den 70er Jahren noch immer.

Friedrich Wilhelm Räuker, damals noch NDR-Programmdirektor, war jedoch der Meinung: zehn Jahre sind genug. Er wollte frischen Wind und neue Gesichter in die Schaubude bringen. Eine Talkshow sollte auf keinen Fall aus der Sendung werden. „Diese Modeerscheinung wird sich sowieso bald totgelaufen haben", orakelte er. Wie sehr er sich doch täuschen sollte!

Zwei, die in ihrem Element sind: Marie Louise, ehemaliges Top-Model, fachsimpelt 1975 mit Modeschöpfer Karl Lagerfeld über seine neuesten Kreationen.

Für Marie Louise Steinbauer und Christian Müller jedenfalls war am 31. Dezember 1975, den Zuschauerprotesten zum Trotz, endgültig Schluß. Er wurde Public-Relations-Direktor der Holsten-Brauerei, sie blieb beim Fernsehen und bekam später ihre eigene Promi-Sendung „Begegnungen".

Einen Mann, „der bekannt ist wie ein bunter Hund, die Live-Szene souverän beherrscht und mit journalistischem Tiefgang Interviews machen kann", suchte Räuker als Nachfolger – und wurde schnell fündig: Krimi-Spezialist Jürgen Roland sollte es sein. „Stahlnetz", „Dem Täter auf der Spur" und seine St.-Pauli-Filme hatten den Regisseur mit der Boxer-Nase und dem Stoppel-Haarschnitt populär gemacht. Als Reporter wußte er knallharte Fragen zu stellen, und zusammen mit seinem Freund Werner Baecker hatte er auch schon an dem Schaubuden-Konzept gebastelt. Damals war die Krimileidenschaft stärker gewesen als der Drang zur Moderation. Diesmal jedoch übernahm er die Aufgabe und half auch später immer mal wieder in Notfällen aus – als Regisseur und als Moderator.

Doch wer sollte seine Partnerin werden? Eine monatelange Suche begann. Das Casting nahm absurde Formen an: Journalistinnen, Sekretärinnen, Stewardessen, Hausfrauen wurden getestet. Im Frage-und-Antwort-Spiel mußten sie ihre Qualifikation beweisen.

Jürgen Roland: „Haben Sie die Aktuelle Schaubude schon mal gesehen?"

Kandidatin: „Ja. Zuletzt vor sieben Jahren."

Roland: „Stellen Sie sich vor, ich wäre Udo Jürgens."

Kandidatin: „Wer ist denn das?"

Roland: „Kennen Sie wenigstens Freddy?"

Kandidatin: „Ja. Aber ich würde lieber Inge Meysel interviewen."

Kein Problem. Jürgen Roland läßt sich den Arm verbinden, denn zu der Zeit hatte Inge Meysel sich gerade die Hand gebrochen, und redet, redet, redet. Die Kandidatin kommt kaum noch zum Luftschnappen.

Roland schließlich: „Wenn Sie die Meysel interviewen, kommen Sie sowieso nicht zu Wort."

Was im Nachhinein der Komik nicht entbehrt, war für die Schaubuden-Macher in Wirklichkeit durchaus nicht zum Lachen. Sie fanden keine geeignete Nachfolgerin für Marie Louise. Bis sie eines Abends die Hamburger Kunsterziehungslehrerin und Kinderbuch-Autorin

Ute Blaich in einer Talkshow mit Hansjürgen Rosenbauer sahen. Da fiel sie durch ihre fröhliche Ungezwungenheit und sichere Argumentation auf.
Sie wurde zu Probeaufnahmen eingeladen und unterrichtete weiter ihre Kinder an der Schule Heinrich-Helbig-Straße und in der Hamburger Kunsthalle. Dort erreichte sie der Anruf: „Herr Buttstädt von der Aktuellen Schaubude möchte Sie sprechen." Die Absage, dachte Ute. Mitnichten. Sie hatte den Job!
Jürgen Roland freute sich: „Daß wir ‚einbrechen', halte ich für uns beide für undenkbar", meinte er vor der ersten Sendung am 10. Januar 1976. In gewisser Weise sollte er recht behalten. Er redete sich souverän über die Runden. Für Ute Blaich jedoch wurde es ein Desaster.
Schon die Voraussetzungen für ihr Debüt waren katastrophal. Beim NDR hatte es eine Bombendrohung gegeben. Das sorgte für Unruhe. Wegen eines Explosionsunglücks im Hamburger Hafen, bei dem zwanzig Menschen starben, konnte ihr vorbereitetes Interview mit Bürgermeister Klose über die Medientage nicht gesendet werden. Die im Studio völlig unerfahrene Ute Blaich wirkte unsicher. In der zweiten Sendung klappte zwar alles besser, die Kritiken klangen hoffnungsfroh. Doch nach ihrem vierten Auftritt gab die Lehrerin auf. Offizielle Erklärung: aus gesundheitlichen Gründen.
„Nach viermal 37 Minuten Show-Busineß-Training in der Aktuellen Schaubude besitze ich einen HSV-Schlips, einen Karnevalsorden und ein Magengeschwür." Das war ihre Bilanz. Sie hatte sich vorgestellt, sie könnte selbst Ideen entwickeln und kreativ mitarbeiten. Doch dazu kam sie gar nicht. Zu dominant waren die alten Fernseh-Hasen, was sollte ein Neuling wie sie dem entgegensetzen?
Wieder begann die Suche nach einer Partnerin für Jürgen Roland. Regisseur Herbert Sundermeier hatte schon bei den Probeaufnahmen im Vorjahr sein Augenmerk auf Alida

Moderatoren-Paar 1976: der Krimi-Spezialist Jürgen Roland und Alida Fischer, später und bis heute: Gundlach

Fischer gerichtet. Die Hannoveranerin, Sprecherin bei Radio Luxemburg und Moderatorin des TV-Jugendmagazins „Drum", hatte sich von einer Freundin überreden lassen, zum Casting nach Hamburg mitzukommen. Doch dann hatte Ute Blaich das Rennen gemacht.
In Hannover hatte Alida Fischer ihren Premierenauftritt in der Schaubude, zunächst probeweise. Ein Heimspiel! Der Rummel war beträchtlich, nichts erregte die Gemüter in der niedersächsischen Hauptstadt mehr als dieses Thema. Und nicht nur dort. Wer immer neuer Moderator der Schaubude wurde, stand im Mittelpunkt der Öffentlichkeit. Das Publikum litt und fieberte mit. Die Schaubude, beliebteste Sendung des Nordens, gehörte schließlich

Forsch, witzig, modebewußt: Alida Fischer behauptet sich als Moderatorin. Erst die Liebe zu Les Humphries macht ihrem Schaubuden-Einsatz ein vorläufiges Ende.

allen. Und wenn es um die Moderatorinnen ging, dann nahmen die Zuschauer noch mehr Anteil.

Alida enttäuschte sie nicht. Frisch, keß und witzig, behauptete sie sich neben Jürgen Roland, tröstete ihren aufgeregt stotternden Gesprächspartner zum Thema Akupunktur: „Das ist schon ein schweres Wort", und plauderte fröhlich mit der musizierenden Familie des damaligen niedersächsischen Ministerpräsidenten Ernst Albrecht. Aus den ersten Probesendungen wurde ein Dauerjob.

Zwar fanden manche Kritiker die braungelockte junge Dame manchmal zu forsch und unbedarft, doch das war nicht der Grund, weshalb sie nach 18 Monaten schon wieder aufhörte.

Alida Fischer traf nämlich Les Humphries, den erfolgreichen Chor-Leiter und Plattenmillionär. Nicht nur die Gefühle, sondern auch die Reaktionen in der Presse kochten hoch. Bei Humphries' Prominenz konnten die Schlagzeilen nicht ausbleiben. Das zwischenmenschliche Intermezzo zwischen Schaubude und Show erregte 1976 in Norddeutschland ungefähr ebensoviel Aufsehen wie 25 Jahre später die Lovestory von Boris Becker und seiner Babs, als er noch Tennis-Star und sie unbekannte Schauspielerin war. Der Rummel machte der jungen Moderatorin mächtig zu schaffen. So entschied sie sich denn endgültig für die Liebe und verließ die Schaubude.

Doch nicht für immer. Noch mehrere Male kam sie wieder.

Sie müssen nur zuhören.

Zehn Jahre lang war es hinter den Kulissen der Schaubude relativ ruhig gewesen, doch jetzt rumorte es wieder: Jeder Moderatorenwechsel wurde von Spekulationen begleitet. So brodelte es denn auch mächtig in der Gerüchteküche, als plötzlich Carlo von Tiedemann eine Außenreportage von der Internorga für die Schaubude machte.
Hört Jürgen Roland auf? Wird Carlo der Neue? Der Verdacht verdichtete sich, als Roland wegen Dreharbeiten zu einem „Tatort" Urlaub nahm. Klar war von vornherein gewesen, daß er weiter als Krimi-Regisseur arbeiten wollte. Und gehässige Zungen behaupteten auch, daß er, der es gewohnt war, den Ton anzugeben, sich nur ungern auf die Moderatorenrolle beschränken mochte. Im Oktober 1976 war es dann soweit: Jürgen Roland erklärte, die Doppelbelastung werde ihm zuviel. Carlo von Tiedemann, bis dahin nur „Aushilfe", blieb.
Carlo, dessen adeliger Stammbaum bis ins 16. Jahrhundert zurückreicht, war für die Hörer des NDR längst ein Begriff: vor allem als Sprücheklopfer aus dem Vormittagsmagazin „Von neun bis halb eins". Als Reporter in der „Umschau am Abend" beschränkte er sich auf saloppe Sachlichkeit, doch vormittags legte er so richtig los mit schnodderigem Schnack und ungewöhnlichen Ideen.
Im Nachtclub Chesa, einem beliebten Treff der Schaubuden-Mannschaft, fragte ihn eines Tages Werner Buttstädt: „Wie wär's mit der Schaubude?" Na, wie wohl! Für Carlo wie ein Volltreffer im Lotto! Der Probe-Einsatz von der Internorga fiel zu Buttstädts Zufriedenheit aus. „Ein halbes Jahr später saß ich mit Angst ohne Ende im Schaubuden-Studio", erinnert sich Carlo. Zuvor allerdings hatte er sich noch auf „schön und gepflegt" trimmen lassen müssen. „Der APO-Look muß weg", entschied Prominentenfriseur Wolfgang Castell, kappte die Tiedemannsche Mähne und legte sie in wohl ondulierte Wellen.
Moderator vor der Kamera, das ist doch etwas anderes als Reporter im Hörfunk. Über die

In der Schaubude sitzen die Prominenten in der ersten Reihe: Christian Müller (Mitte) mit Krimi-Regisseur Jürgen Roland (rechts) und Joachim Fuchsberger.

Vor dem ersten Schaubuden-Auftritt 1976 muß Carlo von Tiedemann zum Friseur: Der „APO-Look" soll weg. Ergebnis: flotte Sprüche und ein braver Scheitel.

Film-Schwergewicht Bud Spencer gibt sich bei seinem Schaubuden-Auftritt mit Carlo von Tiedemann auf dem Oldenburger Kramermarkt 1977 volkstümlich.

Zwischen Hamburg und Luxemburg hin und her gerissen: Helga Guitton, 1977 Nachfolgerin von Alida Fischer. Sie bleibt nur gut ein Jahr bei der Schaubude.

Anfangsunsicherheit half Carlo von Tiedemann der israelische Satiriker Ephraim Kishon hinweg. Für das Gespräch mit ihm hatte sich Carlo bestens vorbereitet, um nur nicht ins Fettnäpfchen zu treten. Trotzdem war er schrecklich aufgeregt, als er ihm zum Vorgespräch gegenübersaß. Kishon jedoch beruhigte ihn: „Sie müssen nur zuhören. Stellen Sie Ihre erste Frage und achten Sie darauf, was ich antworte. Alles andere ergibt sich dann von selbst." Ein kluger Rat, der für den jungen Moderator richtungweisend wurde.

Ein anderer prominenter Gast hingegen brachte ihn völlig aus dem Konzept. Im Hörfunk hatte Carlo „Trudchen" eingeführt, ein Kamel, das stets dazwischenblökte. Offenbar war das Peter Ustinov nicht entgangen. Jedenfalls fing er beim Schaubuden-Interview vor laufender Kamera an, wie „Trudchen" zu blöken. Der Moderator konnte sich kaum noch halten vor Lachen.

Aus anderem Grund verschlug es ihm bei Hamburgs Bürgermeister Hans-Ulrich Klose die Sprache. Der flirtete so ausgiebig mit Alida Fischer, daß Carlo über die Anrede „Herr Bürgermeister ..." nicht hinauskam.

Ein bißchen mulmig wurde dem routinierten Sprücheklopfer bei einer Außenübertragung aus Oldenburg: Film-Schwergewicht Bud Spencer packte ihn an der Gürtelschnalle und trug ihn – 90 Kilo Lebendgewicht – mühelos über die Bühne. Am Abend gingen dafür Alida Fischer die Augen über: Der Leinwand-Haudegen stärkte sich mit einem Steak. Serviert wurde ein Stück Fleisch, das – so dachte Alida – für alle acht Personen am Tisch gedacht war. Irrtum. Bud Spencer vertilgte es allein.

Mit seiner flotten und unbekümmerten Kollegin hatte Carlo das Vergnügen nur noch kurze Zeit. Nach Alida Fischers Abgang kam Helga Guitton, Sprecherin bei Radio Luxemburg. Von ihrem Einstand bei der Berliner Funkausstellung 1977 waren alle begeistert. Schon galt sie als würdige Nachfolgerin von Marie Louise. Doch ein gutes Jahr später war wieder alles

Rückkehr in ihre Heimatstadt: Die ZDF-Ansagerin Victoria Voncampe kommt 1978 aus Mainz nach Hamburg zurück. Zusammen mit Carlo von Tiedemann moderiert sie bis 1984 die Aktuelle Schaubude – ein sympathisches Paar, das mit seiner lockeren Art bei den Zuschauern gute Laune verbreitet.

vorbei. Durch das ständige Pendeln waren ihre Aufgaben bei Radio Luxemburg zu kurz gekommen. Also stellte man sie vor die Wahl: Elbe oder Alzette. Sie entschied sich für die Alzette. In Luxemburg ging schließlich ihr Sohn zur Schule. Dem Fernsehen blieb sie trotzdem erhalten: Sie übernahm Michael Heltaus ZDF-Sendung „Liederzirkus".

Schon wieder ein Wechsel in der Schaubude. Alle bedauerten Helga Guittons Abschied, aber alle freuten sich auch auf die Nachfolgerin, die beliebte ZDF-Ansagerin Victoria Voncampe, die schon mehrmals von den Zuschauern zur „Miß Bildschirm" gewählt worden war. Werner Buttstädt hatte sie beim Mainzer Sender abgeworben. Schließlich kannte er sie schon lange, war sogar Trauzeuge bei ihrer ersten Eheschließung gewesen. Und „Vicky", wie sie von Zuschauern und Kollegen freundschaftlich genannt wurde, kam gern. Für sie war es eine Rückkehr in ihre Heimatstadt. In Hamburg wurde sie geboren, hier hatte sie die Schauspielschule besucht.

Vor ihrem ersten Auftritt hatte sie großes Lampenfieber. Doch die erste Sendung, in der ihr Helga Guitton noch zur Seite stand, brachte sie fehlerlos und schlagfertig über die Runden. Bei der anschließenden Feier im „Nürnberger Bratwurstglöckle" wurde erleichtert mit Sekt angestoßen.

1034
NDR

Links oben: **In der Malerkolonie Worpswede greift 1980 auch Terence Hill zum Pinsel.** Links unten: **Das Teenie-Idol der 60er Jahre ist zahm geworden. Ex-Heulboje Johnny Halliday singt 1982 Chansons.** Oben: **Cool und sinnlich posiert Disco-Queen Grace Jones 1980 bei einer Außenübertragung in Bonn.**

So ein Tag ...

Das hatte es in Hamburg noch nie gegeben: James Last dirigierte einen Prominentenchor mit Harry Belafonte, Amanda Lear, Margot Werner, Heidi Brühl, Julia Migenes, Karel Gott, Howard Carpendale, Heidi Kabel, Adamo, Roland Kaiser und und und. Nicht weniger als drei Länderchefs saßen in der ersten Reihe und hörten zu: die Ministerpräsidenten Stoltenberg und Albrecht von Schleswig-Holstein und Niedersachsen und Hamburgs Bürgermeister Klaus von Dohnanyi. „So ein Tag, so wunderschön wie heute ..."

Der wunderschöne Tag war der 26. September 1981. An diesem Sonnabend wurde die Ausstrahlung der 1000. Aktuellen Schaubude gefeiert. Das Fest gestaltete sich zum wahren Show-Triumph. Im Zelt auf dem Heiligengeistfeld wurde ein Riesenprogramm mit 50 Stars präsentiert. Sogar auf die Werbeblocks im Regionalprogramm und damit auf erhebliche Einnahmen wurde zugunsten einer längeren Sendezeit verzichtet.

Anlaß zum Feiern hatte es für die Schaubude schon oft gegeben. Immer wieder wurden stolze Jubiläen begangen: das zehnjährige Bestehen, die 500. Sendung, 20 Jahre Schaubude, die 888. Sendung. Nach den düsteren Prognosen am Anfang hatte man sich inzwischen an den Erfolg gewöhnt.

Zum zehnjährigen Bestehen kam Schaubuden-Erfinder Werner Baecker aus New York ins Lokstedter Studio B, und Regisseur Herbert Sundermeier sinnierte: „Zehn Jahre sind eine lange Zeit. Jeden Sonnabend sollen wir etwas Neues und Interessantes bringen. Das ist manchmal hart. Um so mehr ist mir die Schaubude ans Herz gewachsen." Daß es noch weitere 30 Jahre gelingen würde, Leben in die Bude zu bringen, hätte gewiß kaum jemand vorauszusagen gewagt.

Das 20jährige Jubiläum fand wieder einmal in einem gläsernen Studio statt, im HEW-Kundenzentrum am Gerhart-Hauptmann-Platz. Mit dabei: Freddy Quinn, ein Künstler der ersten Stunde. Bei der 1000. Sendung hielt er mit 33 Auftritten den Rekord unter den Sängern, gefolgt von Udo Jürgens und Gitte mit je 28 Engagements. Solche Zahlen nehmen sich innerhalb der Gesamtbilanz zur 1000. Sendung vergleichsweise bescheiden aus:

- Mehr als 35 000 Minuten Sendezeit
- Rund 6000 mitwirkende Künstler von Bühne, Film, Schallplatte
- Rund 5000 Interview-Partner aus Politik, Wirtschaft, Kultur, Sport, Wissenschaft
- Regelmäßig rund 80 an der Sendung beteiligte Mitarbeiter
- Rund 5000 gespielte Musiktitel
- Rund 800 Kilometer Magnetband für Aufzeichnungen
- 55 000 Meter Kantholz und Latten für Dekorationen
- 82 000 Quadratmeter an Dekorationsplatten verschiedener Art
- 54 000 Quadratmeter an Stoffen
- 66 000 Kilogramm Farbe
- 4000 Kilogramm Glimmer
- 3000 Rollen Tapeten
- 6000 Kilogramm Nägel
- Schaubuden-Fotograf Hans Ernst Müller schoß 850 000 Fotos.

Als die Schaubude 30 Jahre alt wurde, da sprach man schon von einem „biblischen" Fernsehalter. Zur Jubiläums-Sendung waren neun von insgesamt 24 ehemaligen Moderatoren zusammengekommen: Werner Baecker, Carlheinz Hollmann, Werner Buttstädt, Hermann Rockmann, Rolf Eschenbach, Christian Müller, Jürgen Roland, Helga Guitton und Ramona Leiß erinnerten an frühere Zeiten. Carlo von Tiedemann und Alida Fischer, inzwischen verehelichte Gundlach, führten durch die Sendung – mal im Look der 50er Jahre, mal als freche Punks gestylt und schließlich im Ausblick auf das Jahr 2017 als Oma und Opa mit Hörrohr. Ganz so weit in die Zukunft wollte Schaubuden-Chef Hans-Joachim Müller-Vondey nicht blicken. Doch prophezeite er: „Die Schaubude wird bestimmt auch 40 Jahre alt." Er irrte sich nicht.

Höhepunkt der Feier zum dreißigsten Geburtstag im Dezember 1987 ist das Ständchen, das Moderatorinnen und Moderatoren – teils im Amt, teils im Ruhestand – der Aktuellen Schaubude bringen. Gotthilf Fischer dirigiert und alle singen mit: Jürgen Roland, Christian Müller, Ramona Leiß, Carlheinz Hollmann, Werner Baecker, Alida Gundlach, Carlo von Tiedemann, Werner Buttstädt, Helga Guitton, Hermann Rockmann und Rolf Eschenbach (von links).

Skandale, Pech und Pannen.

Die Beliebtheit der Schaubude rückte jede Sendung zwangsläufig auch ins Scheinwerferlicht, wenn die Kameras nicht mehr liefen. Da konnte es nicht ausbleiben, daß nicht nur die Moderatoren immer wieder Schlagzeilen machten, sondern auch Pech und Pannen lustvoll in den Medien ausgebreitet wurden. Schließlich nahm man nicht nur zur Kenntnis, sondern auch Anteil.

Den ersten Skandal verzeichneten die Hamburger Tageszeitungen im Januar 1962. Eine Sturmbö hatte von der Spitze der St.-Petri-Kirche eine Kupferkugel heruntergerissen, in der alte Dokumente und Münzen aufbewahrt waren. Carlheinz Hollmann machte es spannend: In der Aktuellen Schaubude sollte die Kugel aufgeschlagen und zum erstenmal ein Blick auf den Inhalt geworfen werden. Voller Ehrfurcht ging ein Experte mit Hammer und Meißel daran, die Verschlüsse zu öffnen. Und tatsächlich: Es kamen erstaunlich gut erhaltene Dokumente aus vergangenen Jahrhunderten und uralte Münzen zutage. Pech war nur: Bereits am Morgen dieses Tages hatte eine Zeitung darüber berichtet, daß die Kugel am Abend zuvor geöffnet worden war. Die „Sensation" war gar keine mehr.

Nicht zu sehen bekamen die Zuschauer hingegen eine Panne, die dafür im gläsernen Studio um so mehr für Aufregung sorgte. Zur Bootsausstellung 1966 hatte man in der Dammtorstraße vor dem Studio ein großes Wasserbecken aufgebaut, in dem unter anderem eine Badenixe im Taucheranzug schwamm. Um das Wasser nicht mühselig abpumpen zu müssen, sollte vorsichtig ein Ventil geöffnet werden. Dabei passierte es: Der Verschluß glitt dem Helfer aus der Hand, und 23 000 Liter Wasser ergossen sich auf die Straße und in die Kellerräume des Autosalons. Dort war Nixe Karin Hellmann gerade dabei, sich umzuziehen, als die Flut hereinbrach. Schreiend und barbusig sprang sie nach oben – direkt in die Arme von Christian Müller. Da allerdings verweilte sie nicht lange. Sie zog vielmehr den starken Arm von Regisseur Herbert Sundermeier vor und wurde dessen Ehefrau.

Noch einmal gab es eine nasse Überraschung, diesmal im Studio. Zur Eislaufsaison war dort eine Eisfläche präpariert worden, auf der am nächsten Abend Schlittschuhläufer auftreten sollten. In der Nacht wunderte sich ein Aushilfshausmeister über die absinkenden Temperaturen und drehte pflichtbewußt die Heizung hoch. Das Ergebnis: Am Morgen war die Eisfläche nur noch ein See.

Wasser wird auch Carlo von Tiedemann in ewiger Erinnerung bleiben. Die Schaubude war in Hahnenklee im Harz zu Gast. Ein Professor sollte im Gespräch erklären, warum das Wassersystem im Oberharz so einmalig sei.

Carlo fragt den international renommierten Wissenschaftler: „Zu welchen Ergebnissen sind Sie in Ihrem Gutachten über die Trinkwasserversorgung gekommen, Herr Professor?"

Der Professor schweigt.

Carlo: „Bitte, Herr Professor ..."

Der hebt endlich an: „Das Wasser ist ... äh ... das Wasser ist ... äh ... das Wasser ist ... äh ..." Geschlagene 1,40 Minuten lang sagt er nichts anderes. Der Kameramann wendet sich ab – vor Lachen oder vor Verzweiflung? Schaubuden-Chef Werner Buttstädt resigniert. Und Carlo von Tiedemann beendet das Gespräch: „Das Wasser ist. Danke, Herr Professor."

Bei der Wiederholung am Montagvormittag wurde dies überaus informative Interview herausgeschnitten.

Ein Auftritt der beiden Kabarettisten Wolfgang Neuss und Wolfgang Müller, die Fernsehtabus auf die Schippe nehmen wollten, fand erst gar nicht statt. Man legte ihnen nahe, doch ein weniger angriffslustiges Thema zu wählen. Die Kabarettisten verloren ihren Humor und sagten ganz ab. Nun aber fehlten, kurz vor der Sendung, acht Minuten Programm. In der Not erinnerte sich Werner Baecker an eine Filmbüchse, die ihm Hollywood-Regisseur Cecil B. DeMille in die Hand gedrückt hatte, als der junge Journalist bei der „Today"-Show in New York assistierte. „Was da drin ist, kannst du sicher eines Tages gebrauchen, wenn du deine eigene Show in Germany hast", meinte der Regisseur. So war es auch: Es war eine Dokumentation über die Entstehung des DeMille-Films „Die zehn Gebote", der gerade in den Hamburger Kinos lief. In Windeseile wurden Ausschnitte daraus zusammengestellt, und Außenreporter Werner Buttstädt wurde mit der Frage auf die Straße geschickt: „Sollen im Kino biblische Themen behandelt werden?" Die acht Minuten waren gerettet.

Plötzliche Lücken im Programm wurden oft mit schnell herbeigerufenen prominenten Freunden der Schaubude ausgefüllt, die immer wieder gern kamen. Doch einmal gab es auch einen Star zuviel. Marie Louise hatte in Paris Barbra Streisand getroffen und sie mit viel Mühe für die Schaubude begeistert. Spontan lud sie die Schauspielerin zur nächsten Schaubude ein. Doch als sie Rolf Eschenbach anrief und ihm die freudige Botschaft überbrachte, meinte der nur: „Wir sind voll, du mußt absagen."

Da saß sie nun und wußte nicht, wie sie es dem Star beibringen sollte. Doch dann erinnerte sie sich, daß eine Wahrsagerin Barbra Streisand gewarnt hatte, sie solle sich vor Wasser hüten. So erzählte sie munter, die Sendung würde auf einem Schiff stattfinden, und natürlich müsse Barbra an Bord gehen. Worauf die sofort einen Rückzieher machte.

Werbung ist heute – ob man will oder nicht – aus dem Fernsehen gar nicht mehr wegzudenken. 1971 achtete man jedoch noch streng darauf, daß keine Schleichwerbung ins Bild kam. In einer Live-Sendung aus dem Keller der Hamburger Elbschloßbrauerei hatten zwei Männer ein Bierfaß durch die Szene getragen, während Rudolf Schock sang. An sich kein Problem. Doch auf dem Faß stand in dicken Lettern der Name der Brauerei. Das war zuviel. Programmdirektor Dietrich Schwartzkopf setzte die Wiederholung der Sendung am Montagvormittag ab. Den Schwarzen Peter bekam Aufnahmeleiter Karl Schultz zugeschoben, der insgesamt mehr als 500 Schaubuden reibungslos über die Runden brachte. Doch er hatte die Panne nicht voraussehen können: Bei der Probe gab es noch kein Bierfaß. „Karlchen" Schultz meinte hinterher nüchtern: „Bald wird es noch viel mehr Werbung im Fernsehen geben."

Zu Gast im Tierpark Hagenbeck: Die Giraffe interessiert sich mehr für die Kamera als für Moderator Carlo.

Oben: Der Schaubuden-Auftritt 1966 von Badenixe Karin Hellmann im Wasserbecken vor dem gläsernen Studio verläuft ohne Probleme, doch danach gibt's ein kleines Desaster, als einem Helfer beim Ablassen des Wassers das Ventil aus der Hand gleitet. Die Kellerräume von Opel-Dello laufen voll.

Rechts: Der Kinokassenknüller der 50er Jahre: der DeMille-Film „Die zehn Gebote" mit Charlton Heston als Moses. Eine Dokumentation über die Entstehung dieses Films wird in der Schaubude gesendet, als der umstrittene Streifen gerade in den Hamburger Kinos läuft. Außenreporter Werner Buttstädt wird in den prüden Fünfzigern mit der Frage auf die Straße geschickt: „Sollten im Kino biblische Themen behandelt werden?"

Cecil B. DeMille's
Die zehn Gebote
Ein Paramount-Film im Verleih der Cinema International Corporation

Musik liegt in der Luft.

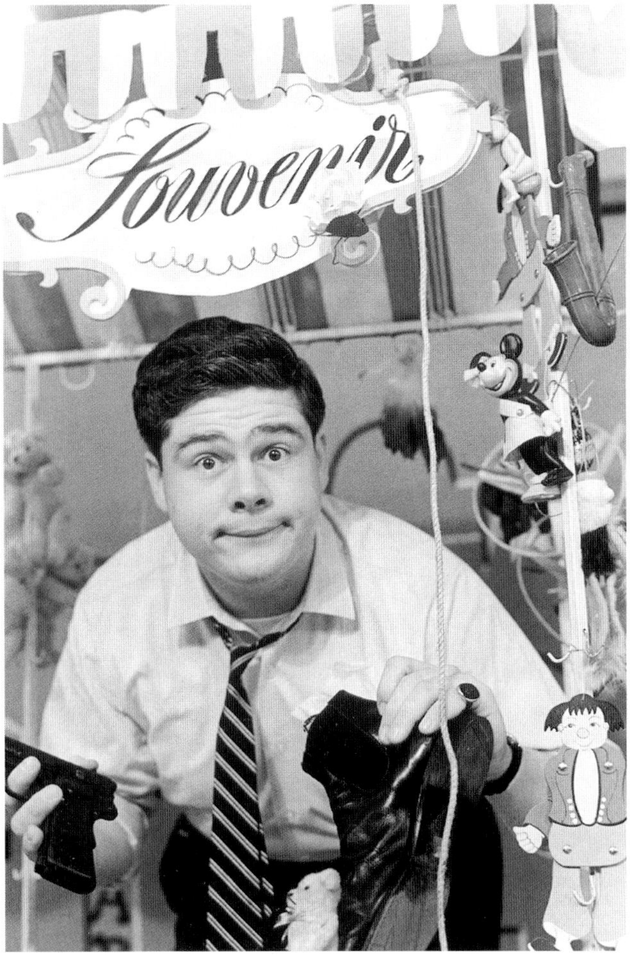

„Souvenirs, Souvenirs": Anfang der 60er Jahre gibt sich der Amerikaner Bill Ramsey noch als Schlager-Clown. Später wird er zum ernstzunehmenden Jazz-Interpreten.

„Meinen Lehrern ist es nicht einmal gelungen, mir Noten beizubringen", bekannte Regisseur Herbert Sundermeier. Und dennoch: 1968 wurde er mit einer Goldenen Schallplatte geehrt. Nicht nur er bekam die Auszeichnung, sondern das ganze Schaubuden-Team mit Rolf Eschenbach, Marie Louise und Christian Müller. Das war der Lohn für die unbestreitbaren Verdienste der Sendung um Schlager, Stars und Sternchen.

Musik spielte immer eine wichtige Rolle in der Schaubude. Was allerdings zu wild, zu provokant, zu frech war, wurde abgelehnt. Die Familiensendung war – zumindest musikalisch – eine Oase der heilen Welt.

Als Startbrett für Newcomer und als Promotion-Plattform für Stars hatte sie jedoch stets einen großen Stellenwert. Hatte 1959 noch der ehemalige amerikanische Besatzungssoldat Bill Ramsey singend von „Souvenirs, Souvenirs" geschwärmt und Evelyn Künneke neckisch gefordert: „Spiel auf deiner Hula Ukulele", so war ein Jahr später schon mit Marlene Dietrich, Caterina Valente, Vico Torriani und Marika Rökk die ganz große Show-Elite vertreten. Opernstars von Anneliese Rothenberger bis zu Placido Domingo und Luciano Pavarotti waren selbstverständlich in der Schaubude zu Gast. René Kollo besang hier 1961 „Mary Lou", als Wagners „Nibelungen" für ihn noch in unerreichbarer Ferne lagen. Und Leinwand-Sünderin Hildegard Knef trat mit dem Mackie-Messer-Song aus der Dreigroschenoper überhaupt zum erstenmal als Sängerin auf.

In der Honorarliste von 1960 steht mit 85 Mark als Bassist ein gewisser Hans Last. Zwanzig Jahre später kassierte er, inzwischen mit dem Vornamen James zum Party-König und Orchesterchef geworden, 70 000 Mark pro Abend.

1964 kam ein schmaler Sänger in die Schaubuden-Redaktion und fragte, ob er ein Tonband vorspielen dürfe. Er durfte. Wenig später war er – immerhin für 200 Mark Gage und Bahnfahrt Erster Klasse – in der Sendung und schmachtete fragend: „Warum nur, warum?" Es war Udo Jürgens.

Der Protektion seines Bruders, der beim Rundfunk beschäftigt war, verdankte Hans Rippert seine Karriere. Wer das ist? Das wußte 1958 auch noch niemand. Ein schlanker Mann mit großer Stimme, dem es die russische Seele angetan hatte. „Kerlchen", riet Reporter Werner Buttstädt ihm – er sagte zu allen Kumpels Kerlchen oder Kuddel –, „deine Stimme braucht ein anderes Volumen." Hans Rippert sorgte für den nötigen Leibesumfang und wurde als Pseudo-Russe Ivan Rebroff berühmt.

In der Hamburger Diskothek Trinity sprach Oliver Bendt Werner Buttstädt an. Überall hatte er schon versucht, seine Karibik-Musik einem breiteren Publikum zu präsentieren. Doch ohne Erfolg. Buttstädt meinte gnädig: „Spiel mir das Ding morgen mal vor." Das „Ding" hieß „Sun of Jamaica", und zwei Wochen später hatte Oliver Bendt mit seiner Goombay-Dance-Band 65 000 Platten davon verkauft.
1964 war Leo Leandros noch Star in der Schaubude, ein Jahr später brachte er seine Tochter mit. Vickys „Messer, Gabel, Schere, Licht" schlug bald darauf seine „Piccolina" um Längen. Für sie wie für Peter Maffay, Roy Black, Roland Kaiser und viele andere war die Aktuelle Schaubude die erste Chance, sich einem größeren Publikum vorzustellen, und damit der Start in eine große Karriere. Und die Plattenbosse jubelten: Stiegen doch die Verkaufszahlen nach jedem Auftritt um ein Vielfaches.
Am Anfang wurde live gesungen und gespielt. Von Playback war da noch keine Rede. Doch mit der Weiterentwicklung der Technik hielt auch die Musik-Konserve Einzug in die Schaubude. Zunächst das Halb-Playback: Die Musik kam vom Band, der Interpret sang live. Was nicht immer ohne Probleme war. Wie sollte beispielsweise der Spanier Julio Iglesias mit seinem deutschen Text zurechtkommen? Ein „Neger" half ihm. Das ist eine große Tafel, auf der der Sprecher, in diesem Fall der Sänger, seinen Text hinter der Kamera ablesen kann. Für Julio stand darauf in schönster Lautschrift: „Wenn ain chiff vorüber feart / feart mit iim di seensujt / wenn ain chiff vorüber feart / raist mein hertz zu dir ..."
Die auf Perfektion getrimmten Hörgewohnheiten machten schließlich das Voll-Playback unumgänglich. Und das Blue-Screen-Verfahren eröffnete neue Gestaltungsmöglichkeiten. Filmaufnahmen und Live-Auftritte konnten damit unmerklich zusammengemixt werden. Bei Gitte allerdings wurde das einmal zum Reinfall: Sie hatte ihre Garderobe gewechselt und trug am Abend plötzlich ganz etwas anderes als am Nachmittag. Ein Song und zwei verschiedene Kleider – unmöglich. Die wunderschönen Filmaufnahmen waren nicht mehr zu gebrauchen.

„Wunderbar, wie schön der Abend war": Caterina Valente findet trotz ihrer weltweiten Erfolge immer wieder Zeit für einen Schaubuden-Abstecher.

Ob Neuling oder Star – für Schlagerinterpreten ist die Schaubude ein beliebtes Forum, um die Popularität zu steigern. Das gilt für Roy Black (ganz links) auf der Höhe seines Ruhms als Sänger ans Herz gehender Melodien ebenso wie für Julio Iglesias (links), der 1973 in der Sendung Werbung für seine erste Deutschland-Tournee macht, oder für Katja Ebstein (unten). Sie hat beim Schaubuden-Auftritt 1975 ihren ersten großen Erfolg – den dritten Platz beim „Grand Prix Eurovision de la Chanson" 1970 – schon lange hinter sich und kämpft um ein neues Chanson-Image.

Rechts: **Der ehemalige Zürcher Oberkellner Vico Torriani ist 1961 bereits an die Spitze des deutschen Schlagers vorgedrungen. In der Schaubude gibt er sich gentlemanlike mit Stock und Melone: „Bonsoir, Herr Kommissar".** Unten: **Als unbekannter Anfänger bekommt Udo Jürgens 1964 seine Chance in der Schaubude. 1972, bei der Eröffnung der Olympischen Spiele in Kiel, singt er vor der Kulisse des Olympia-Dorfes in Schilksee den Hit, der ihn berühmt gemacht hat: „Merci, Cherie".**

Klassik, Chanson oder Schlager: In der Schaubude haben alle Musikgenres ihren Platz. Links: Nana Mouskouri, die selbstbewußt schon mit Brille auftrat, als solche Sehhilfen – zumindest bei Frauen – im Showgeschäft noch als Makel galten, ist über Jahrzehnte hinweg immer wieder gern zu Gast. 1978 besingt sie nicht die berühmten „Weißen Rosen aus Athen", sondern behauptet „Glück ist wie ein Schmetterling". Unten links: Zur Einweihung der neuen England-Fähre „Prinz Hamlet" geht 1973 auch Opernstar Luciano Pavarotti an Bord. Unten: Als Mozart- und Strauß-Interpretin steht die Sopranistin Anneliese Rothenberger, bis 1956 Ensemble-Mitglied der Hamburgischen Staatsoper, 1958 am Anfang einer großen internationalen Karriere.

Abschied vom Urgestein.

1984. Abschied von der alten Schaubuden-Mannschaft mit Werner Buttstädt, Carlo und Vicky: Bühnenbildner Heinz Heyer baut ein Klein-Venedig auf einen Alster-Ponton. 15 000 Schaulustige kommen in die Hamburger Innenstadt.

Auch ein Urgestein kommt irgendwann ins Pensionsalter. Am 10. Juli 1984 war es für Werner Buttstädt soweit: Er wurde 65. Daß er und gleichzeitig auch Bühnenbildner Heinz Heyer und Produktionsleiter Oskar Rombar gehen würden, war bekannt. Doch daß dann vorher auch noch Herbert Sundermeier, nach 27 Jahren Schaubude, aus gesundheitlichen Gründen seinen Abschied nahm, das hatte niemand erwartet. Bei der 1103. Schaubude begrüßte er ein paar Freunde: „Schön, daß ihr zu meiner letzten Sendung gekommen seid." Die Bestürzung war groß. Bis zur Sommerpause sprang Jürgen Roland als Regisseur ein. Mit der 1116. Sendung schließlich ging ein wichtiges Kapitel norddeutscher Fernsehgeschichte zu Ende. Drei Männer der ersten Stunde hatten ihren Abschied genommen. Und nicht nur die Macher hinter der Kamera verließen die Schaubude, sondern auch die beiden Moderatoren. Carlo von Tiedemann wechselte mit „Show & Co." zum ZDF ins Hauptabendprogramm, und Victoria Voncampe wollte beim NDR neue Aufgaben übernehmen.

Ein Ponton am Ufer der Kleinen Alster am Rathausmarkt war der Schauplatz der letzten Sendung von Heyer, Rombar und Buttstädt. 15 000 Schaulustige kamen. Vicky Leandros, Nino de Angelo, Tony Holiday und Frank Schöbel sangen ihre Abschiedsständchen, und dann zogen Künstler und Freunde zur Riesenfete in den

Auf zu neuen Aktionen: Der sportliche Heiner Stelter nutzt Außenübertragungen zu spektakulären Einsätzen auf Skiern, am Hubschrauber oder als Fallschirmspringer; charmante Moderatorin an seiner Seite: Ramona Leiß.

HSV-Bierbrunnen, in dem die Schaubuden-Mannschaft schon so oft feuchtfröhlich zusammengesessen hatte.
Auch nach einem Abschied mit Tränen muß es weitergehen. Hans-Joachim Müller-Vondey übernahm die Leitung der Sendung. Er war 1967 von den „Berichten vom Tage" im NDR-Hörfunk als Redaktionsassistent zu Rolf Eschenbach gekommen und hatte 26 Jahre lang als Stellvertreter an Buttstädts Seite gestanden. Seine erste Aufgabe als Chef: ein neues Moderatorenpaar suchen. Denn wenn er auch einige Neuerungen in die Schaubude einbringen wollte, sollte sich am Grundkonzept mit zwei Moderatoren nichts ändern.
In Bremen wartete indes geduldig ein Hörfunk- und Fernsehjournalist auf seine Chance. Die Aktuelle Schaubude war schon immer sein Traum gewesen. Als Junge war er regelmäßig zu Nachbarn gelaufen, um sie zu sehen, denn seine Eltern hatten noch kein Fernsehgerät. Carlheinz Hollmann war sein Vorbild. So ein Reporter wie der wollte Heiner Stelter auch einmal werden. Und wenn das keine Vorbestimmung war: Hatte er doch an demselben Tag Geburtstag wie die Schaubude. Am 7. Dezember.
In Bremen hatte Stelter zuletzt die Regionalsendung „Buten un binnen" mit aufgebaut. Als er jetzt davon hörte, daß Carlo von Tiedemann aufhören würde, ließ er sogleich seine Beziehungen spielen. So dachte er jedenfalls, als er

seine Bewerbung an einen guten Freund beim NDR schickte. Wochenlang hörte er nichts. Doch dann kam plötzlich der Anruf von Müller-Vondey: „Können wir uns mal unterhalten?" Nichts lieber als das! – Erst Jahre später erfuhr Stelter, daß der neue Schaubuden-Chef von seiner Bewerbung gar nichts gewußt, sondern ihn selbst ausgesucht hatte.

Für den weiblichen Moderatorenpart wurde Müller-Vondey in München fündig. Beim Bayerischen Rundfunk entdeckte er die Sprecherin Ramona Leiß, die fortan regelmäßig zwischen Hamburg und München pendelte. In der ersten Sendung am 18. August schritt das neue Team strahlend, aber aufgeregt wie vor dem ersten Schultag eine Showtreppe hinunter. Und Ramona mahnte sich im stillen voller Lampenfieber: „Bloß nicht aus Versehen ‚Grüß Gott' sagen." Die Panik war überflüssig, ihr Gesprächspartner Ephraim Kishon half ihr – wie zuvor schon Carlo von Tiedemann – mit Geist und Witz über die ersten Minuten hinweg.

Ephraim Kishon begleitet das Schaubuden-Debüt von Ramona Leiß 1984 mit Geist und Witz.

Hollywood in Hamburg: Filmstar Michael Douglas im Gespräch mit Moderatorin Ramona Leiß.

Im Taxi am Tod vorbei.

Es sollten ein paar erholsame Tage auf Sylt werden. Ramona Leiß und die Sängerin Hanne Haller trafen sich auf dem Flughafen Fuhlsbüttel. Ramona kam aus Berlin, wo sie auf der Funkausstellung in der Show „Die Goldene Eins" aufgetreten war, Hanne kam aus München. Mit einem Taxi wollten sie sich zum Bahnhof Altona bringen lassen. Doch sie kamen nicht weit: Nach zwölf Minuten Fahrt krachte es auf einer Kreuzung. Eine Autofahrerin hatte das Taxi gerammt und gegen den Mast einer Straßenlampe geschleudert.
„Ich unterhielt mich gerade mit Ramona. Plötzlich ein furchtbarer Schlag. Glassplitter flogen uns ins Gesicht. Ramona blutete furchtbar." So schilderte Hanne Haller den schrecklichen Unfall, bei dem sie mit Prellungen und ein paar Platzwunden einigermaßen gut davongekommen war. Ramona Leiß hingegen landete im Krankenhaus: Glassplitter im Auge, Schnittverletzungen im Gesicht, linker Arm gebrochen. „TV-Stars im Taxi am Tod vorbei" hieß es am nächsten Tag in einer Boulevardzeitung.
Zum Glück ging schließlich alles glimpflicher aus als befürchtet. Der Taxifahrer hatte nur leichte Verletzungen, die offenbar alkoholisierte Unfallfahrerin auch. Auf sie allerdings wartete eine hohe Strafe: Sie war bereits zu drei Jahren Gefängnis verurteilt worden, weil sie auf ihren schlafenden Ehemann mit einem Stand-Aschenbecher eingeschlagen hatte, und war nur zur Bewährung freigelassen worden, als der Unfall geschah. Ramona Leiß konnte das wenig trösten: Sie fiel für sechs Wochen in der Schaubude aus.
Gut ein Jahr nach seiner ersten Moderatorensuche mußte Hans-Joachim Müller-Vondey also erneut Umschau halten. Diesmal genügte ein Anruf auf Mallorca: Dort machte Alida Fischer gerade Urlaub von der NDR Talk Show, zu deren Moderatoren sie inzwischen gehörte. Sie sagte sofort zu, für Ramona einzuspringen. Im Oktober war die Münchnerin mit dem rollenden „r" wieder fit. Zwar noch mit Gipsarm, aber ohne sichtbare Narben in ihrem hübschen Gesicht konnte sie wieder vor die Kamera treten.

Action mit Heiner.

Als Nachfolger des lässigen, kalauernden, populären Carlo von Tiedemann hatte es Heiner Stelter nicht leicht. Ein zweiter Carlo wollte er auf keinen Fall sein. Also besann er sich auf das, was er besonders gut konnte und gerne machte. Und das bedeutete: Action. Mitmachaktionen hatte es zwar auch vorher für die Moderatoren schon immer gegeben, aber nun wurden neue Akzente gesetzt.

Raus aus der Stadt, rein in die Provinz: Bei 18 Außenübertragungen in einem Jahr gab es reichlich Gelegenheit für Heiner Stelter, seine sportlichen Fähigkeiten zu beweisen. Sein Skifahrtalent zeigte er bei einer Abfahrt mit Fackeln im Harz; beim Hanse-Marathon in Hamburg lief er mit (3 Stunden, 40 Minuten, 17 Sekunden) und berichtete live von den Strapazen eines Langstreckenläufers; zum Beginn der Theatersaison seilte er sich an der Fassade des Thalia Theaters ab; beim Fallschirmspringen in Wunstorf fiel er vom Himmel; während eines Überschall-Tiefflugs über Norddeutschland saß er mit Sauerstoffmaske und Helm neben dem Piloten im Cockpit eines Alpha-Jets.

Flieger hatte er als Kind schon werden wollen. Seine ersten Segelflug-Starts unternahm er als Schüler, 1992 und 1995 wurde er sogar deutscher Meister in verschiedenen Segelflug-Kategorien. Zum Fallschirmspringen war er über eine Zeitungsreportage gekommen, hatte es aber seiner Frau zuliebe wieder aufgegeben. Auf dem Fliegerhorst in Wunstorf jedoch packte ihn noch einmal die Leidenschaft. Schaubuden-Partnerin Alida Gundlach ließ sich von seiner Begeisterung anstecken: „Ich springe auch", verkündete sie. Nur mit dem Unterschied: Sie hatte keine Ahnung, was sie erwartete.

Wohlweislich ließ man sie dann auch keinen Probeflug machen. Völlig entspannt stieg sie mit 48 Profispringern und Heiner Stelter in eine Transall. „Erst als ich sah, wie die sich in der Maschine alle konzentrierten und sogar meditierten, wurde mir ein bißchen mulmig", erinnert sie sich. Aber nun gab es kein Zurück. Angeschnallt an ihren Tandempartner Hans Ostermünchner aus Bad Tölz mußte sie in 3800 Meter Höhe raus aus dem Flugzeug. Ein riesiges Rauschen um die Ohren und dann ein Ruck: Nach 40 Sekunden zog der Bayer die Reißleine. Der Ruck des Fallschirms saß ihr noch bei der Landung in den wackeligen Knien. Doch alle fanden es toll, daß sie so mutig gewesen war. Und das Fernsehen hatte eine Weltpremiere: Noch nie war ein Moderatorenpaar mit dem Fallschirm in eine Sendung gesprungen. Für Alida hatte der Sprung übrigens nachhaltige Folgen. Sie wurde nicht nur zum Maskottchen der Fallschirmspringerstaffel Wunstorf ernannt, sondern springt auch noch immer – wann immer sich die Gelegenheit ergibt und die gestreßten Nerven eine Erholung brauchen.

Nicht minder spektakulär war Heiner Stelters Einsatz in der Flensburger Förde. Vom Deck einer Fregatte aus hängte er sich an einen Hubschrauber, der ihn zu einem U-Boot brachte. Neben der kleinen Öffnungsluke stand der Kommandant des Schiffes, um ihn dort hineinzulotsen. Doch Stelter bekam keinen Grund unter den Füßen. „Einfach runterfallen lassen", rief ihm der Boß des U-Boots zu. Es klappte, perfekt wie in einem Film-Stunt.

Daß er auch im Studio für überraschende Aktionen gut war, bewies der waghalsige Moderator den beiden „Supernasen" Thomas Gottschalk und Mike Krüger. Beide wollten allzu heftig die Werbetrommel für ihren Film rühren. Stelter ging darauf ein: „Nun zeigen wir einen Ausschnitt aus dem Film", verkündete er und zog ein paar Zentimeter Zelluloidstreifen aus der Tasche. Den redegewandten Spaßmachern verschlug es die Sprache.

Einmal allerdings war Heiner Stelter selbst sprachlos. Zu einer Buchpremiere zum Thema Schiffbrüchige im Zweiten Weltkrieg waren der ehemalige Hauptfeldwebel Willi Malcharek und Hausfrau Christel Henschel aus

Braunschweig in die Schaubude eingeladen. Beim Untergang des Truppentransporters „Goya" im Jahr 1945 auf der Ostsee zog sie als junges Mädchen den Ertrinkenden aus den eiskalten Fluten auf ihr Floß. Weinend klammerte sie sich an ihn. Nach elf Stunden wurden die beiden gerettet. 40 Jahre später sollten sie sich nun zum erstenmal wiedersehen. Mühevoll wurde dafür gesorgt, daß sie sich vor der Sendung nicht über den Weg liefen. Dann kam der große Augenblick: Christel und Willi erkannten sich mit Tränen in den Augen wieder. Mit Christel trat ihr Ehemann ins Studio. Und während sich die beiden noch gerührt umarmten, stürzte Stelter vor laufender Kamera auf ihn zu: „Mensch, was machst du denn hier!" Es war ein ehemaliger Setzer von der Braunschweiger Zeitung, bei der Stelter als junger Journalist gearbeitet hatte. Da gab es doppelte Wiedersehensfreude.
Weniger Freude hatte der Moderator mit einem 20 Jahre jungen Sänger aus Italien, den noch niemand kannte und der beim Schaubuden-Besuch auf der Hannover-Messe eine Chance bekommen sollte. Es gab nur eine provisorische Garderobe zum Umziehen, die Künstler und Moderator teilten. Nach seinem Auftritt mußte der aufstrebende Sängerknabe schnellstens weiter. Als Stelter schließlich in die Garderobe kam, war alles weg, Jeans, Hemd ... verschwunden wie der Italiener.
Zwei Jahre später traf Heiner Stelter ihn wieder und fragte ihn nach seinen Kleidern. „Ach, dir gehörten die Sachen!" wunderte sich der Sänger, der inzwischen berühmt geworden war. Es war Eros Ramazotti. Sein Manager hatte damals in der Eile alles zusammengepackt, was in der Garderobe lag, ohne zu wissen, wem was gehörte.

Nicht immer spielt das Wetter mit: Außenübertragung 1986 vom Övelgönner Museumshafen im Regen.

Außenübertragung vom Goslarer Marktplatz 1986 mit einer original Harzer Trachten- und Jodelgruppe.

Bei den Abstechern in die Städte Norddeutschlands werden mit Vorliebe Originale der Region vorgestellt – wie 1986 der skurrile „Waldschrat" von Goslar.

Die Sehgewohnheiten ändern sich.

Nicht nur für viele Künstler, sondern auch für so manchen Moderator ist die Schaubude immer wieder ein Sprungbrett für die weitere Karriere gewesen. Carlheinz Hollmann, Carlo von Tiedemann, Alida Gundlach hatten in der Regionalsendung ihr Handwerk gelernt, bevor sie dann auch überregional auf dem Bildschirm erschienen. Und auch Ramona Leiß bekam diese Chance: Sie übernahm die Moderation der „Knoff-Hoff-Show" im ZDF. Sprecherin beim Bayerischen Rundfunk, eine Sendung in Hamburg, eine in München – da wurde das Pendeln auf die Dauer doch zuviel. Drei Jahre, 143 Sendungen. „Für mich sind sie wie im Flug vergangen", meinte Ramona Leiß, als sie im Juni 1987 Abschied von Hamburg nahm. Mit ihr ging auch Heiner Stelter. Allerdings nur vorübergehend: Er kam 1992 mit Freuden wieder. Hinter den Kulissen sorgt er jetzt dafür, daß die Schaubude mit attraktivem Programm und munterer Moderation über den Sender geht. Daß er nicht mehr auf dem Bildschirm erscheint, bedauert er keineswegs. „Ich weiß heute, was man tun muß", sagt er. „Und es macht mir großen Spaß, alles, was ich weiß und kann, an die Moderatoren weiterzugeben."

Über die beiden Neuen nach Ramona und Heiner freute sich nicht nur Schaubuden-Chef Müller-Vondey, sondern auch das norddeutsche Fernsehpublikum. Die Neuen waren nämlich alte Bekannte: Alida Gundlach und Carlo von Tiedemann, die gut zehn Jahre zuvor schon gemeinsam vor der Kamera gestanden hatten. Mit Artisten vom Circus Roncalli, tanzenden „Cats", Roberto Blanco, Wasserfontänen und 2000 Fans hatten sie auf dem Alsteranleger am Jungfernstieg einen brillanten neuen Start. Als witzig-spritziges Paar hielten sie jedoch nur ein Jahr durch.

Wechselvolle Zeiten begannen in der Schaubude. Und das lag wohl ganz im Trend der Zeit, in der sich durch die ständig steigende Zahl von Sendern auch die Sehgewohnheiten der Zuschauer änderten. So ist es nicht verwunderlich, daß auch in der Schaubude immer neue Gesichter auftauchten. Ein Moderator hielt dennoch fünf Jahre durch, allerdings mit einer Unterbrechung: Rüdiger Wolff.

Der in Eckernförde geborene Schauspieler und Sänger hatte bei Radio Luxemburg, der NDR-Welle Nord und SAT.1 Musik- und andere Sendungen moderiert. Schon 1985 hatte er sich beim NDR beworben und Probeaufnahmen gemacht. Seine Partnerin hatte ebenfalls Erfahrung in der Musikbranche: Die Münchnerin Dana Rehberg schrieb unter ihrem Künstlernamen Dana Moray Schlagertexte. Alida Gundlach hatte sie in dieser Funktion während einer Talkshow kennengelernt und nun als ihre Nachfolgerin vorgeschlagen.

Acht Monate später: Rüdiger Wolff blieb, Dana Rehberg ging, nicht ganz im Frieden, wie das so häufig bei den Moderatorenwechseln war. Es folgten (wieder einmal) Alida Gundlach, Holde Hoyer, Victoria Voncampe, Carmen Nebel, Andrea Beckmanns, Sabine Sauer. Und zwischendurch als Ablösung für den schönen Rüdiger drei Jahre lang Christian Schröder vom RTL-Frühstücksfernsehen.

Oben: **Kaum zu glauben: 1985 wird Christine Kaufmann Großmutter – und bringt ihre erste Platte heraus.**

Unten: **Geheimtip für den Blumenfreund: Bei Rüdiger Wolff wird Loki Schmidt streng vertraulich.**

Oben: **Die ausgeflippte Nina Hagen (Mitte) erweist sich 1991 beim Schaubuden-Besuch als überraschend brav.**

Unten: **Oldie Tony Christie startet 1994 noch einmal eine Deutschland-Tournee.**

Oben: **Mütterlich: Inge Meysel klärt Rüdiger Wolff darüber auf, was Junge und Alte voneinander lernen können.**

Unten: **Adventsstimmung im Studio 1992: Moderator Christian Schröder und „Weltenbummler" Hardy Krüger.**

Ganz links oben: **Der Schein trügt. Peter Ustinov ist keineswegs vergrätzt, er ist auch 1992 noch ein brillanter Alleinunterhalter.** Links unten: **Die schwergewichtigen Weather Girls sorgen für mitreißende Stimmung im Studio.** Links: **Rüdiger Wolff mit Sabine Sauer, die zwei Jahre lang Woche für Woche aus München anreist.** Unten: **Christian Schröder mit Horst Frank, der sein Image als Filmbösewicht der 60er Jahre mit großen Fernseh-Charakterrollen längst überwunden hat.**

Tränen der Rührung.

Jahrelang hat die Schaubude Grüße in die DDR geschickt, 1989 fallen endlich Mauer und Stacheldraht. In Berlin stürmen junge Leute begeistert das Brandenburger Tor. „Come together" – das Motto gilt auch für die Schaubude, die bald darauf zum erstenmal aus Thüringen kommt.

Rüdiger Wolff hatte von allen Schaubuden-Moderatoren nicht nur die meisten Partnerinnen – inklusive prominenter Gast-Moderatorinnen wie Dagmar Koller, Heidi Brühl oder Hanne Haller waren es zehn –, sondern er erlebte auch hautnah im Kontakt mit dem Publikum das bedeutsamste Kapitel der jüngeren deutschen Geschichte mit: die Wende.
Zwei Tage nach der Maueröffnung, am 11. November 1989, stand die Sendung ganz im Zeichen der aktuellen Ereignisse. Auf dem Heiligengeistfeld in Hamburg wurde ein Zelt aufgebaut. Und Tausende von Menschen kamen, nicht nur aus Hamburg, sondern auch aus der DDR. In Live-Schaltungen zur Mauer und zu verschiedenen Grenzübergängen wurden ehemalige Grenzer und Bürger aus der DDR befragt. Noch nie flossen in der Schaubude so viele Tränen – vor Rührung, vor Freude, voll Hoffnung.
Als dann wenig später das erste Gastspiel in Thüringen stattfand, war die Welle der Sympathie noch überwältigender. Blumen und Geschenke für die Moderatoren und immer wieder die Versicherung: Die Schaubude war unser wichtigstes Band in den Westen. „Ich dachte immer, Thomas Gottschalk oder Arnold Schwarzenegger stünden hinter mir", erinnert sich Rüdiger Wolff, „aber die Begeisterung der Leute galt tatsächlich mir."

Zahlreiche Außenübertragungen aus Orten der ehemaligen DDR sollten noch folgen. Immer waren sie begleitet von herzlicher Freude und rührender Dankbarkeit. Eine der ergreifendsten Begegnungen: Auf Rügen erzählte eine ehemalige Gastwirtin, wie sie in den 50er Jahren enteignet wurde, in einer Hütte neben ihrem Gasthaus wohnen und dessen allmählichen Zerfall miterleben mußte. Jetzt, nach der Wende, habe sie wieder Hoffnung.

„Fragt den Taxifahrer, geht in die Kneipen, findet heraus, wo der Schuh drückt." Diese Anweisung gab Hans-Joachim Müller-Vondey seinen Moderatoren mit auf den Weg, wenn sie in einen neuen Ort kamen. Drei Tage vorher rückte das Team an, um Eindrücke zu sammeln und Filme über die Region zu drehen, die dann in die Live-Sendung eingespielt wurden. Live – was für die Zuschauer gerade in einer Zeit der Filmkonserven und Videos von großem Reiz ist, kann für die Moderatoren und die Mitarbeiter hinter den Kulissen manchmal auch zum Alptraum werden. Künstler sagen kurzfristig ab, Ersatz muß gefunden werden. Zwischen den Gesprächen und Auftritten wird hektisch umgebaut. Für jedes Gespräch sind nur wenige Minuten vorgesehen, die nicht überzogen werden dürfen, um den weiteren Ablauf nicht zu gefährden. Trotzdem gibt es dabei manchmal Pannen. Holde Hoyer beispielsweise plauderte sich mit Hildegard Knef fest. Statt der geplanten sechs dauerte ihr Interview neun Minuten. Währenddessen wartete Rüdiger Wolff in einer Dekoration, um Tips für die Gartenpflege im Herbst zu geben. Er wartete und wartete – bis ihm schließlich nur dreißig Sekunden blieben. Da mußten sämtliche guten Ratschläge ausfallen.

Zum richtigen Krach kam es, als Dana Rehberg beim Interview mit der Astrologin Elisabeth Tessier nicht auf deren Buch zu sprechen kam, was der eigentliche Grund ihres Schaubuden-Besuches war. Regie-Anweisung für Rüdiger Wolff: „Unterbrechen und auf das Buch hinweisen!" Das tat er. Ergebnis: Die Tessier war sauer, weil ihr Werk zu kurz kam; Dana war sauer, weil sie unterbrochen wurde.

Die schwierigste Moderation mußte Rüdiger Wolff jedoch im Juni 1991 machen, am Todestag der an Krebs erkrankten Heidi Brühl. Mit ihr verbanden ihn nicht nur berufliche Begegnungen, sondern auch eine echte Freundschaft. Mitten in die ausgelassene Stimmung der Crew platzte Chef Müller-Vondey mit der Frage: „Wißt ihr es denn noch nicht? Vor zwei Stunden ist Heidi Brühl gestorben." Wie oft war sie seit 1960 Gast in der Schaubude gewesen! Rüdiger Wolff standen die Tränen in den Augen, als er aus dem Stegreif den Nachruf auf sie sprechen mußte. Momente der Trauer lassen sich eben auch vor laufender Kamera nicht einfach abschalten.

Als Schauspieler nutzte Wolff auch in der Schaubude gern die Gelegenheit, in die verschiedensten Rollen zu schlüpfen – von Batman bis zum Bettler. Ein Abstecher in seinen ursprünglichen Beruf wurde ihm jedoch zum Verhängnis: Bei Dreharbeiten zu einem „Tatort" stürzte er vom Dach einer Hamburger Diskothek. Komplizierter Trümmerbruch im rechten Knie. Sieben Wochen lang half Jürgen Roland wieder einmal aus. Dann erschien der abgestürzte Pechvogel wieder – nicht ganz in alter Frische. Auf Krücken humpelte er durchs Studio und moderierte im Sitzen.

Einen Tag vor Heiligabend 1989 wird die Schaubude vom ehemaligen Grenzübergang Eckertal im Harz übertragen. Die Resonanz ist überwältigend. Jürgen Roland befragt einen ehemaligen DDR-Grenzposten (oben).

Oben: **Niedersachsens Ministerpräsident Ernst Albrecht feiert mit der Schaubude die Wiedervereinigung .**

Unten: **Die Kamera fängt die Bilder von den Menschenmassen von einem Spezialkran aus ein.**

Tradition und Moderne.

Abschiedsritual nach der Sendung: Am Ende jeder Schaubude versammeln sich Moderatoren und Künstler noch einmal gemeinsam vor der Kamera. In der Sendung Anfang 1997 sind es Cindy und Bert, Margot Eskens, Karel Gott, Isabel Varell, Gitte Haenning und Carlo von Tiedemann (von links).

Die ständig steigende Zahl der Privatsender sorgte in den 80er Jahren nachhaltig dafür, daß sich die Medienlandschaft veränderte. Als es nur zwei Sender gab, fiel die Wahl meist nicht schwer. Aber nun ... Zudem machten sich die Sender am Sonnabend mit attraktiven Programmen besonders stark Konkurrenz. Da mußte auch ein regionales Bollwerk wie die Schaubude ins Wanken geraten.

Zunächst versuchte Hans-Joachim Müller-Vondey mit einigen Neuerungen, das zu Musiksendern abwandernde junge Publikum zu ködern: Videoclips mit internationalen Popgrößen sollten wieder mehr Stars ins Wohnzimmer bringen, denn die waren bei den vielfältigen Möglichkeiten, sich im Fernsehen zu präsentieren, auch nicht mehr so leicht in die Schaubude zu locken. Das Pop-und-Rock-Programm jedoch rief den geharnischten Protest der Traditionsseher hervor. Und das waren damals immerhin noch rund fünf Millionen, inklusive der Zuschauer in Holland, der DDR und in Dänemark sogar sieben Millionen. Also setzte der Schaubuden-Chef wieder mehr auf deutsche Schlager. So blieb ihm die treue Stammkundschaft erhalten. Schließlich war man seit dreißig Jahren daran gewöhnt, daß die Schaubude für freundliche Familienunterhaltung und die Präsentation vor allem deutscher Interpreten stand.

Das Erfolgsrezept des Wieners Falco: „Die Leute wollen mich als Macho." 1992 kommt er nach Flops und Krisen mit dem Album „Nachtflug" heraus.

Bonnie Tyler, die walisische Sängerin mit der Reibeisenstimme, startet 1992 eine Deutschlandtournee und stellt in der Schaubude ihre Platte „Bitter Blue" vor.

Dennoch: Gegen Thomas Gottschalks freche Show „Na sowas", gegen Publikumsrenner wie „Schwarzwaldklinik" oder „Die Guldenburgs" im ZDF und gegen die regionalen Magazine, deren Zahl ständig wuchs, war schwer „Quote" zu machen. Die Situation verschärfte sich, als die verhältnismäßig kurze Sendezeit der Schaubude auch noch gesplittet wurde. Werbung – die Privaten machten es vor – wurde immer wichtiger. Auch die Öffentlich-Rechtlichen konnten darauf nicht verzichten. Und mußten sie gut plazieren. Da bot sich die beliebte Schaubude bestens an. Also wurde sie von 19.15 auf 19 Uhr vorverlegt und von den „Berichten vom Tage" und einem anschließenden Werbeblock unterbrochen. Das nahmen die Zuschauer übel.

Harmonisierung war schließlich das Stichwort, das die Schaubude 1992 vom Sonnabend und aus dem Ersten Programm verbannte. Der bisher regional aufgeteilte Vorabend von 17 bis 20 Uhr sollte bundesweit einheitlich mit attraktiven Serien und Shows bestückt werden. Das bedeutete für die Schaubude: ab ins Dritte Programm. Der neue Sendeplatz am Freitag um 20.15 Uhr auf N3 bedeutete jedoch, daß man sich nun gegen die populären Freitagskrimis wie „Derrick" oder „Der Alte" und gegen attraktive Spielfilme durchsetzen mußte.

Doch eine „Institution" wie die Aktuelle Schaubude läßt sich so leicht nicht aus der Zuschauergunst verbannen. Die Quote sank zwar – pendelte sich aber schließlich auf relativ hohem Niveau ein.
Mit dem Sendeplatz am Freitag um 21.15 Uhr hat die Aktuelle Schaubude endlich den richtigen Ort gefunden. Und auch das Konzept fürs Jubiläumsjahr 1997 ging voll auf. Zurück zu den Wurzeln ist das Motto. Fernsehen zum Anfassen wollte Werner Baecker machen. So mögen die Zuschauer ihre Schaubude noch heute. Zwischen Celle und Bad Zwischenahn, Heringsdorf und Hamburg, Güstrow und Grömitz besuchten Carlo & Co. im Jubiläumsjahr die Leute vor Ort, sprachen mit Bürgermeistern, Originalen und einheimischen Künstlern. Das Regionale wurde groß geschrieben und durch wechselnde Moderatorinnen aus den verschiedenen Landesfunkhäusern noch unterstützt. Das Publikum honorierte das: Die Marktanteile kletterten im Sendegebiet auf bis zu 18 Prozent, und bundesweit gab es bis zu eineinhalb Millionen Zuschauer – für ein regionales Programmangebot ist das ein Riesenerfolg.
Die Schaubude verdankt ihrer '97er-Sommer-Tournee aber noch mehr, nämlich ihr neues Moderatorenpaar. Carlo von Tiedemann kehrte nach neun Jahren Pause Anfang des Jahres wieder zurück und moderierte zunächst gemeinsam mit Isabel Varell, die ihren ersten Schaubuden-Auftritt schon 1981 hatte. Damals noch als Sängerin. Ihr Moderatorengastspiel währte jedoch nur bis zum Mai. Als Hauptdarstellerin im Musical „Pico" fand sie keine Zeit mehr für die Schaubude. Nach den verschiedenen Moderatorinnen aus den jeweiligen Ländern bekam Carlo mit Julia Westlake, Musikertochter, 26 Jahre jung, endlich wieder eine ständige Partnerin. Kontinuität und Erneuerung, Tradition und Moderne – dafür stehen die beiden, der Oldie und die Neue.

Julia Westlake moderiert seit September 1997 die Schaubude.

Altes und Neues, Tradition und Moderne in Einklang zu bringen, das ist das Anliegen von N3-Talkshowchef Heiner Herde, der die Leitung der Schaubude 1995 übernahm. „Von der 40jährigen Geschichte allein und den Erfolgsstories von früher können wir nicht existieren", sagt er. „So wie zu Opel-Dello-Zeiten die Schaubude haargenau den damaligen Zeitgeist traf, so muß die Sendung immer wieder aktualisiert und auf den neuesten Stand gebracht werden. Der Erfolg der letzten Zeit hat gezeigt, daß wir auf dem richtigen Weg sind. Für mich ist es keine Frage, daß die Schaubude auch nach ihrem 40. Geburtstag noch eine große Zukunft hat."

Oben: **Die Sommer-Schaubude im Jubiläumsjahr 1997 wird ein großer Zuschauer-Erfolg.**

Unten: **Carlo von Tiedemann im Gespräch mit Blödelbarde Mike Krüger.**

Rechts: **Katja Ebstein, seit Jahren gern gesehener Gast in der Schaubude, sagt 1997 von sich selbst: „Jetzt bin ich bei mir angekommen." Mit ihrem Programm „Frauen, die besseren Männer" ist die Sängerin und Schauspielerin auf Tournee.** Unten: **Ist er's oder ist er's nicht? Karikaturist Oskar porträtiert Carlo von Tiedemann.**

Links: **Selbstironisch wie eh und je: Im Alter von 75 Jahren tritt Evelyn Künneke 1996 noch immer als Diseuse auf und behauptet: „Ein Künstler ist ein Kellner, der Unterhaltung serviert."** Unten: **Acht Ehen und unzählige Skandale: „Ein Leben reicht nicht", behauptet Zsa Zsa Gabor, eine der letzten Hollywood-Diven, in ihren Memoiren und macht auch beim Schaubuden-Auftritt 1993 um ihr Alter immer noch ein großes Geheimnis.**

Rechts: **Schöner denn je: 1991 gibt Christine Kaufmann Esoterik-Tips und will nicht mehr die „naive Leinwandverführerin" sein.** Unten: **Der Sänger Reinhard Mey nutzt gern die Möglichkeit zum Auftritt in der Schaubude, hier 1992.**

Links: **Nach ihrer Trennung haben Cindy und Bert 1997 wieder zusammengefunden und starten eine zweite gemeinsame Karriere.** Unten: **Den Weißkittel des Dr. Brinkmann aus der „Schwarzwaldklinik" hat er endgültig an den Nagel gehängt. Klausjürgen Wussow spielt Anfang 1997 im Dreiteiler „Tanz auf dem Vulkan" einen Musical-Produzenten.**

40 Jahre Schaubude.

Die Außenalster zeigt sich von ihrer Sonntagsseite: strahlende Sonne, blauer Himmel, weiße Segel tanzen über sanfte Wellen. Die Straße heißt „Schöne Aussicht" und hält, was ihr Name verspricht. Weit schwenkt die Kamera über Wiesen und Wasser auf Hamburgs Kirchturm-Panorama, eine wunderschöne Stadtkulisse.

Sommer 1997. An diesem Tag hat sich das Schaubuden-Team mit seinem Wagentroß an der „Schönen Aussicht" etabliert. Für Kameras und Scheinwerfer wurden hohe Metallgerüste aufgebaut, ein Campingwagen dient als Garderobe, auf einem Kleiderständer mitten im Grünen hängen die festlichen Abendroben von Modedesigner Wolfgang Hartmann, die später von Models vorgeführt werden.

„Juupp!" tönt es von der Showbühne am Alsterufer, während Regisseur Klaus-Dieter Rentel, genannt KaDe, seine Anweisungen für alle Zaungäste weithin hörbar durchs Mikrophon gibt. „Juupp!" Kein Zweifel: Carlo von Tiedemann ist wieder da.

„Achtung, Probe!" Und Ton ab: „An de Eck steiht 'n Jung mit 'n Tüddelband ...", intonieren die Alsterspatzen, Kinderchor im Matrosenlook, in perfektem Playback-Sound. Vorhin klang das noch viel piepsiger, da sangen sie nämlich live. KaDe, der aus dem Osten kommt und zum erstenmal für den NDR Regie führt, hat Kameras und Mitwirkende fest im Griff. Über Handy werden die zwanzig Paddler im Drachenboot auf der Alster in die richtige Position dirigiert, während Carlo, in der Hitze kurzbehost, über Lautsprecher versichert: „Schönes Arbeiten hier."

Kurz darauf findet er es weniger schön. Seine Tasche mit den teuren italienischen Schuhen ist weg. Beim Umziehen hat er es festgestellt. Mit langer Hose und Turnschuhen erscheint er zur Durchlaufprobe, wendet sich ans Publikum: „Bitte nehmen Sie keinen Anstoß an meinen Schuhen ..." und schimpft auf die „Saubande", die die Luxus-Italiener geklaut habe. Zu früh gemotzt: Eine Zuschauerin eilt triumphierend mit einer schwarzen Tasche zum Moderator: Der Schuhbeutel stand vergessen mitten auf der Wiese. Zum Dank erhält die Finderin bei der Aufzeichnung einen Platz in der ersten Reihe.

Live auf Sendung zu gehen ist noch immer das Prinzip der Schaubude. Doch der Sendetermin um neun Uhr abends macht es bei Außenübertragungen notwendig, daß vorher aufgezeichnet wird. Aufzeichnung wie live, heißt es dann, in einem Durchlauf, ohne Korrektur. An der Alster soll es um 18 Uhr losgehen.

Eine halbe Stunde vorher ziehen Wolken auf, Wind rüttelt an den hohen Metallgerüsten. Mit Pflöcken werden sie befestigt. Carlo unkt: „Sollen wir lieber gleich aufzeichnen?" Die Regie entscheidet: Die Zeit ist zu knapp, es bleibt bei 18 Uhr. Glück gehabt: Das Wetter bleibt stabil. Wer sagt's denn: „It's wonderful ..." Das verkündet schon die Erkennungsmelodie.

So wunderbar, daß sie nach 39 Jahren immer noch gerne wiederkommen, finden es auch zwei Künstler, die allen Zeiterscheinungen und Modetrends zum Trotz noch immer in der Schlagerszene zu finden sind: Peter Beil und Roberto Blanco, beide gerade 60 geworden. Schon 1958, als jugendliche Newcomer, waren sie zu Gast in der Schaubude. „Oh cara Carolina" sülzte Peter Beil damals und kassierte 80 Mark Gage. Heute darf er für seinen Auftritt eine Null dranhängen. Während sein Trompetensolo über die Alster schallt, wirft sich Stimmungskanone Roberto Blanco ins orange Jackett. „Die Schaubude hat mir bei meiner Karriere sehr geholfen", sinniert er. „Und" – ein bißchen Spaß muß sein – „es hat immer viel Spaß gemacht."

Er und die Schaubude haben im Laufe der Jahre so manchen Wellengang im Meer der Unterhaltung miterlebt. Stürmisch war es oft, ruhige Fahrwasser gab es auch, aber eines ist gewiß: „Hamburg ohne die Schaubude", sagt Roberto, „das ist undenkbar. Die Schaubude gehört zu Norddeutschland." Wie die Krabben zu Büsum und die Schiffe zum Hafen.

Wir sind nicht in der Neuen Flora, sondern in der Schaubude. 1996 macht Thomas Schulze als „Phantom der Oper" den Fernsehzuschauern Appetit auf einen Besuch des Musicals von Andrew Lloyd Webber, das seit 1990 mit großem Erfolg in Hamburg am Holstenbahnhof gespielt wird.

Personenregister.

Autorin/Impressum/Bildnachweis.

Die Autorin:
Brigitte Ehrich, geboren in Neumünster, aufgewachsen in Kiel und Hamburg, ist dem Fernsehen seit über 40 Jahren verbunden: 1955 machte sie ihre ersten praktischen TV-Erfahrungen vor der Kamera als Mitwirkende in der Kinderstunde von Irene Koss. Danach beschloß sie, lieber hinter den Kulissen zu bleiben, und wurde Journalistin. Derzeit arbeitet Brigitte Ehrich als Fernseh- und Theaterkritikerin u. a. für das „Hamburger Abendblatt".

Die Deutsche Bibliothek –
CIP Einheitsaufnahme
Ehrich, Brigitte:
Die aktuelle Schaubude : Geschichte und Geschichten / Brigitte Ehrich. –
Hamburg : Zeise, 1997
ISBN 3-932844-02-5

Text: Brigitte Ehrich, Hamburg
Lektorat: Brigitte Beier, Hamburg
Bildredaktion: Anke Balshüsemann, Hamburg
Redaktionsassistenz: Kathrin I. Müller, Hamburg
Gestaltung: Petra Horn, Hamburg
Satz und Lithographie: KCS GmbH, Buchholz/ Hamburg
Druck: Wäser-Druck, Bad Segeberg
Bindung: S. R. Büge, Celle

Bildnachweis:
Fotos: NDR: Titel und Innenteil
außer: Bildarchiv Preußischer Kulturbesitz, Berlin: S. 7, 26, 57, 112
Carlheinz Hollmann, Hamburg: S. 44
dpa, Hamburg: S. 47, 59
Kinoarchiv Peter W. Engelmeier, Hamburg: S. 93